Helge Reindl · ZITA – EINE KAISERIN KEHRT HEIM

ZITA

EINE KAISERIN KEHRT HEIM

1982–1989

Eine Dokumentation von

HELGE REINDL

Herder
Wien · Freiburg · Basel

Quellennachweis

Für die Abdruckerlaubnis der Fotos danken wir den folgenden Personen oder Institutionen: Johannes Greifeneder (Titelfoto), Franz Wolfsberger (S. 47, 50), Aloisia Gerold (S. 48), Christine Süssenbacher (S. 49, 50), Josef Kiesslich (S. 51), Josef Knedelhans (S. 66, 68, 74), Herbert Riesner (S. 69, 70, 71), Votavafoto (S. 75, 77, 79, 81, 166), I. R. Parsch (S. 116, 137, 138, 139), Bildarchiv der Österreichischen Nationalbibliothek (S. 11, 13, 16), Carl v. Pospesch (S. 129, 130, 133, 135), Foto Baptist (S. 131), Archiv der KÖL Maximiliana (S. 85, 86, 87, 88, 89), Bildstelle der NÖ. Landesregierung, Photo Boltz (S. 141). Alle übrigen Fotos stammen aus dem Archiv des Autors. Bei einigen konnte das Copyright trotz unserer Bemühungen nicht geklärt werden.

Für die Abfassung des Textes in diesem Buch benützte der Autor die folgenden Quellen: „Neue Vorarlberger Tageszeitung" 29. 11. 1982, „Vorarlberger Nachrichten" 29. 11. 1982, 11. 11. 1982, 5. 9. 1983, „Österreich konservativ" 1/1983, 12/1983, „Die Katholisch-Österreichischen Landsmannschaften" 1986, „Neues Land" 24. 7. 1983, „Süd-Ost-Tagespost" 19. 7. 1983, „Hartberger Bezirkszeitung" 8/1983, „Kurier" 18. 7. 1982, 2. 9. 1982, 16. 3. 1983, „Sonntagspost" 24. 7. 1983, „Osttiroler Bote" 1. 9. 1983, 8. 9. 1983, „Innsbruck aktuell" 31. 5. 1983, „Neue Kronenzeitung" 2. 9. 1982, 14. 11. 1982, 13. 3. 1983, 22. 2. 1989, 19. 3. 1989, „Kleine Zeitung" 22. 8. 1982, „Wallfahrtsbasilika Maria Puchheim" 1978, „Blau-Weiße Blätter" 1983, Chronik des Schlosses Feistritz, „Die Presse" 24. 5. 1983, „Kathpress/Inland 15. 11. 1982, Urteil des Verwaltungsgerichtshofes, Zl. 201/79–13 v. 11. 2. 1980, A. H. Griesser: Konfisziert, Wien–München 1986, E. H. P. Cordfunke: Zita – Kaiserin von Österreich, Königin von Ungarn, Wien–Köln–Graz 1986, T. Griesser-Pečar: Zita – Die Wahrheit über Europas letzte Kaiserin, Bergisch Gladbach 1985, Prinz K. v. Bayern: Ohne Macht und Herrlichkeit, München 1961, Kröner, Handbuch der historischen Stätten Österreichs, 2. Bd., Stuttgart 1978, H. Ebner: Burgen und Schlösser (Graz, Leibnitz, Weststeiermark), Wien 1967, M. Gritzner: Handbuch der Ritter- und Verdienstorden.

Satz und Druck: Stiepandruck Leobersdorf

Bestellnummer: ISBN 3-210-24.954-7

INHALT

Geleitworte

Was hat viele Menschen an Zita von Österreich so fasziniert? War es die Nostalgie, die Erinnerung an vergangenen Glanz, die Sehnsucht nach einer „heilen Welt“ trotz des Wissens, daß diese Welt von gestern alles andere als heil war? Oder war es nicht doch die Tatsache, daß sich hier eine Christin auch im Rampenlicht einer neugierigen Öffentlichkeit mit großer Selbstverständlichkeit zu ihrem Glauben, zu ihrem trotz aller Schicksalsschläge unzerstörten Gottvertrauen bekannt hat?

Zita von Österreich hat jene kompakte katholische Glaubensüberzeugung gelebt, der alle Engstirnigkeit und aller Fanatismus fremd ist. Sie war im Grunde ihres Herzens ein einfacher, gütiger Mensch, wie es etwa auch ein Johannes XXIII. gewesen ist. Ein Mensch, für den das Christentum keine Fahne ist, die er auftrumpfend vor sich her trägt. Sie war eine Frau, die sich das Christsein so zu eigen gemacht hatte, daß ihr ganzes Wesen davon durchdrungen und geprägt war.

In dieser Haltung des Christseins ohne Verbitterung, der gelassenen Weisheit und der Bereitschaft, auf andere zuzugehen, kann sie ein Vorbild sein, wie so viele andere Christinnen, die unerkannt und in anderen äußeren Situationen einen ähnlichen inneren Weg gehen.

+Kard. König

Ich habe einmal gemeint, das Törichteste wäre, wenn man beanspruchen würde, ein guter Patriot im echtesten Sinn des Wortes zu sein, und die Geschichte Österreichs erst mit der Ersten Republik beginnen zu lassen. Wir vergessen, daß es leider ein Übel der Republik war, zu glauben, daß mit ihr die Geschichte Österreichs begonnen habe. Ich habe Österreichs Größe niemals als Ausdruck seiner Geografie empfunden, noch weniger im Geiste des berühmten Ausspruchs, wonach alles Erdreich Österreich untertan sei. Aber ich habe immer versucht, Österreich, dort, wo es groß war, aus seiner Kleinkariertheit herauszulösen, und das zu allen Zeiten. Das galt und gilt für seine Dichter und seine Denker, von denen einige zu neuer Bedeutung gelangen. In diesem Sinne möchte ich mich gerade jetzt aus ganzem Herzen zu Österreich bekennen.

Bruno Kreisky

Vorwort

Hätte Zita in einer früheren Epoche gelebt, würde sie wahrscheinlich die Größenordnung einer zweiten Maria Theresia erreicht haben. So wurde sie die Kaiserin des Unterganges der Habsburgermonarchie.

Wie kaum eine zweite Frauengestalt der Weltgeschichte ist sie gleichzeitig beschimpft und bejubelt worden. Mal war sie heilig, mal galt sie als Staatsfeind. Fast immer aber wurde sie ein Opfer der leichten, allzu leichtsinnigen Feder. Man hat sich bislang weder mit ihren Taten, noch mit ihrem Wirken und Wollen wissenschaftlich historisch auseinandergesetzt.

Denn über Zita zu sprechen, bedeutet fast immer, Emotionen freizulegen. Es fehlt eine Schrift, die auch Antwort ihren Gegnern gibt, wie etwa einem Gottfried Zarnow. Zu viele Stationen ihres politischen Lebens sind historisch noch gar nicht aufgearbeitet. Ihre jahrzehntelange Abwesenheit von der Heimat und ihre Zurückgezogenheit haben zweifelsohne zu Fehlinterpretationen beigetragen. Aber sie bewies beispielhaft, daß man Landesmutter nicht für eine bestimmte Zeit, sondern daß man Kaiserin ein ganzes Leben lang ist. Hinter den Kulissen der Weltgeschichte hat sie sich bis ins hohe Alter hinein für eine Besserstellung ihrer Völker bemüht.

Als sie starb schien es, als wäre ein Mensch aus einer anderen Zeit von uns gegangen. Fast ist man versucht zu sagen, daß ihre beiden Stöcke sie anstandslos auch in ein zweites Jahrhundert getragen hätten.

Mit ihr wurde keinesfalls der letzte Rest der k.k.-Monarchie begraben, sondern eine Repräsentantin (wie man sie sich würdiger nicht vorstellen kann) dieser Staatsform. Für eine kontinuierliche und dynastische Fortsetzung ist, wie in den Jahrhunderten zuvor, gesorgt. Denn das Haus Habsburg war immer zur Stelle, wenn das Land es brauchte. Und nur deshalb überlebte dieses Österreich die geschichtliche Zeittafel und erhielt jenen beispiellosen Glanz, der uns einmalig machte – und der seit 1918 in zunehmender Weise als Kleingeld ausgegeben wird.

Zita erhielt ein Begräbnis, das – dank dem sozialdemokratischen Kosmopoliten Bruno Kreisky – in ihrer Kaiserstadt Wien stattfinden konnte und in seiner Form einer Monarchin würdig gewesen ist.

All jenen, deren Meinung man in diesen Tagen im Blätterwald lesen konnte, daß ein Begräbnis halt nur ein Begräbnis sei und die demokratische Entwicklung in den Ostblockstaaten weitaus interessanter wäre, oder daß mit ihrer Beisetzung auch die Ära Habsburg vorbei wäre, sei ins Stammbuch geschrieben, daß die menschliche und politische Landkarte Europas heute ganz anders aussehen würde, gäbe es noch die k.k.-Monarchie, die, so wage ich mit Überzeugung zu behaupten, jene politischen Verbrechen bereits im Keim erstickt hätte, als es in den dreißiger Jahren Nacht über Europa zu werden begann.

An dieser Stelle erinnere ich an einen Churchill-Ausspruch zu unserer k.k.-Vergangenheit: „Diese Monarchie ist jene Regierungsform gewesen, wo Tradition, Gemeingefühl und Erziehung Institutionen waren, die die Ordnung sicherten und das Leben der Allgemeinheit regelten. Es gibt keine einzige Völkerschaft oder Provinz des habsburgischen Reiches, der das Erlangen der ‚Unabhängigkeit' nicht die Qualen gebracht hätte, wie sie von den alten Dichtern und Theologen für die Verdammten der Hölle vorgesehen sind."

Und was die Jungen des Hauses Habsburg betrifft, so hat diese Familie noch nie ein derart großes Potential an vorzüglichen Mitgliedern gehabt wie heute. Und auch dafür ist Zita zu danken, die in ihren Erziehungsmaßnahmen den Grundstein dafür gelegt hat; aus einem Gefühl der selbstverständlichen Verantwortung für ihre Heimat heraus, wie es eben nur Monarchen eigen ist.

Das vorliegende Buch versteht sich als ein Photoalbum der Erinnerungen. An jene Tage, als Zita unter uns hier in Österreich weilte und bei allen Besuchen vielen Menschen große Freude bereitete. Und wenn es als „Familienalbum" aufgenommen wird, um Erinnerungen zu erhalten, an die man gern zurück denkt, dann hat es seinen Zweck erfüllt. Nicht mehr und nicht weniger war mein Bestreben.

Danken darf ich allen meinen Gesprächspartnern, vor allem Gottfried Arnegger für die Textverbesserung des „Stiftungsfestes", Univ.-Prof. Präsident Dr. Ludwig Adamovich für die mir gegenüber geduldigen juristischen Erläuterungen, sowie Dr. G. Hierzenberger und E. Wolf vom Herder-Verlag (Wien), die mir auch während der Produktionszeit für die Einhaltung aller Termine großes Vertrauen entgegengebracht haben.

Helge Reindl — Wien, im April 1989

Kaiserin Zita

Stationen ihres Lebens

9. 5. 1892	Prinzessin Zita von Bourbon-Parma kam in Piánore, Provinz Lucca, in Italien zur Welt. Die Eltern: Herzog Robert von Bourbon-Parma (1858–1907) und Herzogin Maria Antonia (1862–1959), sie war die Tochter von König Michael I. von Portugal und der Königin Adelhaid, Prinzessin von Löwenstein-Wertheim-Rosenberg. Zu den Ahnen der Kaiserin zählen Kaiser Karl V., Maria von Portugal, die Häuser Farnese, Orsini, Medici, Österreich-Este, Aldobrandini, Österreich und Frankreich; der Vater Kaiserin Zitas war Universalerbe des Grafen von Chambord, Erbe der Könige von Frankreich. Der Geburtsort der Prinzessin Zita im damals bereits italienischen Herzogtum Lucca sollte später für Österreich-Ungarn eine tragische Rolle spielen: Die deutsche Kriegspartei unter General Erich von Ludendorff nützte diesen zufälligen Umstand, um die Kaiserin in Österreich als eine „Italienerin" zu verteufeln, während die gleiche Gruppe in Deutschland, wo damals keine Ressentiments gegen „die Italiener" bestanden, sehr wohl aber Franzosenhaß die öffentliche Meinung beherrschte, die Kaiserin bloß „die Französin" nannte.
1897–1911	Neben ihrer deutschen Muttersprache spricht Zita auch französisch, spanisch, italienisch und portugiesisch. Schulbildung im bayrischen Zangberg, abschließend Studien (vor allem Sprachen und Musik) auf der Insel Wight: auch englisch wird erlernt.
13. 6. 1911	Verlobung mit Erzherzog Karl Franz Josef: inoffiziell in St. Jakob/Steiermark, offiziell im Hause der Mutter in Piánore.
24. 6. 1911	Besuch bei Papst Pius X. in Rom. Der Papst sieht die künftige Würde Karls als Kaiser von Österreich und König von Ungarn voraus.
21. 10. 1911	Vermählung Erzherzog Karls mit Prinzessin Zita in Schwarzau am Steinfeld, dem eigentlichen Heimatort der jungen Prinzessin. Kaiser Franz Joseph und Erzherzog Thronfolger Franz Ferdinand nehmen an der Vermählung teil. Die Hochzeitsreise führt zuerst nach Mariazell.

Die junge Erzherzogin besucht im Frühling 1913 mit ihrem Gemahl in Bruck/Leitha einen Schießstand und versucht sich mit dem Gewehr.

Kaiserin Zita im Krönungsornat.

20. 11. 1912	Otto von Habsburg, der spätere Kronprinz, kommt in der Villa Wartholz in Reichenau in Niederösterreich zur Welt.
1911–1914	Das junge Paar lebt das Leben eines klassischen österreichisch-ungarischen Offiziers-Ehepaares: harter Dienst, häufiger Garnisonwechsel, Kennenlernen der Gesamtmonarchie. Das Garnisonleben führte von Brandeis an der Elbe in Böhmen, über Kolomea in Galizien nach Wien (Schloß Hetzendorf).
1. 8. 1914	Ausbruch des Ersten Weltkrieges. Karl und Zita stehen in Ungarn wie in Österreich im Mittelpunkt stürmischer Ovationen. Beide sind von Anbeginn gegen diesen Krieg. Erzherzogin Zita ist in der Kranken- und Verwundetenpflege sowie der allgemeinen Sozialarbeit tätig. Adelhaid (3. 1. 1914), Robert (8. 2. 1915) und Felix (31. 5. 1916) kommen zur Welt. Karl ist oft an der Front, Zita übersiedelt von Hetzendorf nach Schönbrunn.
21. 11. 1916	Tod Kaiser Franz Josephs. Kaiser Karl I. – König Karl IV. von Ungarn – erkennt sofort, daß angesichts der Kriegslage ein rechtzeitiger Friedensschluß die Rettung Mitteleuropas und unzähliger Menschenleben bringen kann.
20. 12. 1916	Krönung zum Apostolischen König von Ungarn. Kaiserin Zita wird durch Berühren der rechten Schulter mit der Krone des hl. Stephan – die Geste symbolisiert, daß die Königin ihrem König helfen soll, die schweren Lasten der Herrschaft zu tragen – gekrönt. Kronprinz Otto nimmt an den Feierlichkeiten teil.
17. 7. 1917	Voraussetzung für äußeren Frieden ist der innere Friede. Kaiser Karl erläßt eine umfassende Amnestie, die zum Schrecken der Feinde des Reiches gelingt.

	Gleichzeitig verstärkt der Kaiser die vorbildliche österreichische Sozialgesetzgebung. Das erste Sozialministerium und Gesundheitsministerium der Welt werden von Kaiser Karl gegründet.
9. 5. 1917	25. Geburtstag der Kaiserin, inzwischen vierfache Mutter. Der Tag steht im Zeichen des „Kaiserin Zita-Kindertages"; das Herrscherpaar erreicht einen Höhepunkt der Popularität.
	Das Kaiserpaar unternimmt zahlreiche Reisen durch die ganze Doppelmonarchie und an alle Fronten, aber auch zu den Verbündeten, um den Friedenswillen durchzusetzen. Triumphale Empfänge in München, Dresden, Würzburg, Österreich und Ungarn.
Sommer 1917	Über die Verwandten in Frankreich und Belgien versucht Kaiser Karl zu einem baldigen Friedensschluß zu kommen.
10. 3. 1918	Als fünftes Kind kommt Erzherzog Karl-Ludwig zur Welt.
Mai 1918	Besuche des Kaiserpaares in Sofia und Istanbul, um den bulgarischen und osmanischen Verbündeten zu größeren Aktivitäten für einen – immer noch möglichen – rechtzeitigen Friedensschluß zu bewegen.
	Vergeblich haben Karl und Zita vor dem „uneingeschränkten Tauchbootkrieg", vor den Luftangriffen auf offene Städte und vor dem Gaskrieg gewarnt.
8. 11. 1918	Über Nacht gibt der Verbündete auf; Kaiser Wilhelm flieht nach Holland, Ludendorff nach Schweden.
11. 11. 1918	Kaiser Karl hat im Oktober 1918 versucht, Österreich in einen Bundesstaat umzuwandeln; nun ist er gezwungen, sich von den Regierungsgeschäften zurückzuziehen, aber er dankt nicht ab.
Nov. 1918 – März 1919	Kaiser Karl und Kaiserin Zita denken nicht daran, Österreich zu verlassen. Sie gehen nach Eckartsau, unweit von Preßburg, der alten ungarischen Krönungsstadt, die dem Königspaar noch im Oktober 1918 einen triumphalen Empfang bereitet hatte.
	Kaiser Karls Aktivitäten bestehen hauptsächlich darin, die Pläne der immer mächtiger werdenden „Anschlußfreunde", die Österreich aufgeben wollen, zu durchkreuzen und Österreichs Unabhängigkeit zu bewahren.
24. 3. 1919	Die Regierung erklärt Karl und Zita faktisch für vogelfrei. Um das Leben der Kinder zu schützen, ist man gezwungen, in die Schweiz zu gehen. Der Sonderzug passiert um 3.40 Uhr die Grenze bei Feldkirch. Die Familie nimmt ihren ersten Aufenthalt auf Schloß Wartegg am Bodensee bei Zitas Mutter.
Mai 1919 – April 1921	Karl und Zita sind im Exil in Prangins am Genfersee. Rudolf (5. 9. 1919) und Charlotte (1. 3. 1921) kommen dort zur Welt. Ein Versuch Karls, bei einer abenteuerlichen Reise im März 1921 nach Ungarn an Ort und Stelle General Horthy, den „Reichsverweser" in Ungarn, zur Übergabe der Amtsgeschäfte zu bewegen, scheitert. Karl kehrt wieder in die Schweiz zurück.
20. 10. 1921	Karl fliegt mit einer gemieteten Junkers-Maschine mit Zita nach Ungarn, um die verfassungsmäßige Ordnung im Königreich wiederherzustellen. Das kühne, in der Geschichte der Welt einmalige Ereignis scheitert am Verrat Horthys, der eine eigene Dynastie aufbauen will und später Ungarn in die Hände Hitlers liefert.
19. 11. 1921	Das Königspaar kommt auf einem britischen Kreuzer nach Madeira ins Exil.
Winter 1921	Zita erhält einen portugiesischen Paß und holt die Kinder aus der Schweiz nach Madeira.
1. 4. 1922	Tod Kaiser Karls, er stirbt an einer Lungenentzündung.
Mai 1922	Kaiserin Zita geht mit ihren sieben Kindern nach Spanien; im Schloß Pardo bei Madrid kommt am 31. 5. Erzherzogin Elisabeth zur Welt.
1923–1929	Die Kaiserin lebt mit ihren acht Kindern in Lequeitio.

Die Kaiserwitwe mit ihren acht Kindern am Strand von Lequeitio.

Die Kinder wurden in Nordspanien in ungarisch, deutsch, französisch, englisch und spanisch unterrichtet.

1929–1940 Aufenthalt im Schloß Steenockerzee bei Brüssel. Prinz Felix von Bourbon-Parma, der Prinzgemahl der regierenden Großherzogin Charlotte von Luxemburg, nimmt sich seiner Schwester und deren Familie an. Von hier aus können Zitas Kinder die Schulen und Institute Brüssels sowie die Universität von Löwen besuchen.

9. 5. 1940 Zita feiert in Belgien ihren 48. Geburtstag. In der Nacht auf den 10. Mai ver-
Mai 1940 suchen Nazi-Fallschirmjäger die Familie Kaiserin Zitas gefangenzunehmen. Nach einer dramatischen Flucht gelangt die Familie nach Frankreich. Viele Österreicher können mit der kaiserlichen Familie die rettende Grenze nach Spanien erreichen.

Juni 1940 Kaiserin Zita und ihre Familie finden zunächst in den USA, dann in Kanada Zuflucht. Alle Aktivitäten der Familie nach außen drehen sich nun um die Wiedererrichtung eines unabhängigen Österreich. Otto von Habsburg und Kaiserin Zita kommen wiederholt mit Präsident Roosevelt zusammen und können ihn tatsächlich von der Notwendigkeit der Wiederherstellung Österreichs überzeugen. Kaiserin Zitas Kinder teilen sich dabei die Aufgaben: Otto arbeitet in Washington, Robert in London, Felix in Südamerika, Karl Ludwig und Rudolf kümmern sich, so wie Otto, ganz besonders um Ungarn. Die Töchter Adelhaid, Charlotte und Elisabeth helfen ihren Brüdern.

9. 5. 1945 Geburtstag der Kaiserin: erster Tag des Friedens.

Die Kaiserin bleibt einige Zeit in den USA und Kanada, sammelt bei unzähligen Vorträgen tonnenweise Hilfsmittel für die Bevölkerung in Ungarn und Österreich.

Zita 1950 mit ihren Kindern in Belgien anläßlich der Vermählung ihres Sohnes Erzherzog Karl-Ludwig mit Prinzessin Yolande de Ligne.

1962	Die Kaiserin kehrt endgültig heim nach Europa, geht zunächst nach Luxemburg, dann in das Johannesstift von Zizers in der Schweiz, unweit der Grenze zu Österreich.
9. 5. 1982	Zu ihrem 90. Geburtstag wird ihr die Einreise nach Österreich gestattet.
16. 5. 1982	Kaiserin Zita überschreitet ohne Verzichtserklärung die österreichische Grenze bei Feldkirch.
	Die Kaiserin wohnt den Sommer über immer in Schloß Waldstein, dem Wohnsitz ihrer Tochter Elisabeth von und zu Liechtenstein in der Steiermark. Über die wichtigsten Aufenthalte zwischen 1982–1989 informiert die ausführliche Dokumentation in diesem Buch (vgl. Seite 33ff).
14. 3. 1989	Kaiserin Zita stirbt in Zizers.
1. 4. 1989	Beisetzung in der Kapuzinergruft in Wien.

Eine Kaiserin kehrt heim

Hintergründe der Einreiseerlaubnis

Auch historisch gesehen war es außerordentlich ungewöhnlich, daß eine gekrönte Königin und Kaiserin so ganz ohne Formalitäten und Absichtserklärungen wieder in jenes Land zurückkehren durfte, das sie und ihre Familie bedingungslos ausgewiesen bzw. als vogelfrei erklärt hatte („Habsburgergesetze" von 1919).

Es blieb aber nicht bei der wahrhaft stillen Rückkehr; damals am 16. 5. in Feldkirch-Tisis; wo immer Zita hinkam, wurde sie in der Folge wie ein Staatsoberhaupt begrüßt, man hofierte ihr wie einer regierenden Monarchin . . .

Das mag wohl ein gewisses Reifezeugnis für die Österreicher darstellen, sicherlich aber nicht für jene Politiker, die dem immer wieder vorgebrachten Einreisewunsch Zitas über 60 Jahre lang kein Gehör schenkten.

Aber dieses Land, wohl seit Jahrhunderten kulturelles und geistiges Zentrum eines abendländischen Weltbildes, brachte seit dem Zusammenbruch der Monarchie leider kaum einen Politiker hervor, dem man ein besonders ausgeprägtes historisches Verständnis nachsagen kann, vor allem in Anbetracht jener Leistungen, welche die Familie des Hauses Österreich – auch im Exil – für dieses Land erbrachte.

Es war kein Zufall, daß ausgerechnet der sozialdemokratische Staatsmann Bruno Kreisky die Weichen stellte, damit Zita wieder nach Österreich durfte. Was seinen Berufskollegen oftmals fehlt, besaß er in reichlichem Maß: eine vorzügliche Ausbildung, ein unglaubliches politisches Feingefühl und menschliches Gespür, die ständige Bereitschaft zu lernen, ein humanistisches Weltbild und vor allem gründliche Kenntnisse und tiefen Respekt vor der Größe der Geschichte.

Ich habe noch heute die Wort Otto von Habsburgs im Ohr, als er mir auf die Frage nach der möglichen Rückkehr seiner Mutter irgendwann anfangs der 70er Jahre antwortete: „Wir haben uns schon so oft um ihre Einreise bemüht, wurden aber immer wieder abgewiesen. Es ist wirklich sinnlos, und wir werden auch keinen Antrag mehr stellen."

Ein „indirekter Weg" war dann doch erfolgreich.

Bereits seit 1980 bemühte sich darum Erzherzog Andreas, der in Madrid im Bankgeschäft tätig ist, dank seiner guten Kontakte zu Juan Carlos, dem er ein feines Gehör für gesellschaftliche Fragen nachsagt. Zuerst gab es einige Telephonate in den Zarzuela-Palast, dann besuchte er den spanischen König und sprach direkt mit ihm über das noch immer ungelöste virulente Problem der hochbetagten Kaiserin, deren sehnlichster Wunsch es wäre, einmal noch die Heimat zu sehen.

Erzherzog Andreas: „Otto von Habsburg plädierte schon lange vor mir für seine Mutter, der König war also informiert. Trotzdem schien er mir im Gespräch nicht sofort mit allen Gedanken und Vorschlägen einverstanden. Er wollte sich noch Wege überlegen, damit das ganze Unterfangen seiner Interventionen nicht daneben gehe."

Wenig später urlaubte der österreichische Bundeskanzler wieder einmal auf

Mallorca. Es war für Bruno Kreisky auch nichts Neues, was der spanische Bourbone dem Sozialdemokraten aus Wien ans Herz legte. Aber erstmals war es ein König, der dies tat, mit all dem Gewicht seiner Persönlichkeit und seines Amtes – wenn er auch nur gerade wie er privat auf Besuch war.

Juan Carlos besprach mit Bruno Kreisky eventuelle Möglichkeiten zur problemlosen Einreise der Kaiserin. Dabei war beiden Männern klar, daß es sich ausschließlich um einen Akt der Menschlichkeit handeln könnte. Kreisky hatte ein offenes Ohr für das alte Problem. Außerdem fand er die Zeit reif für einen solchen staatspolitischen Coup. Im Vordergrund aber mag für ihn die Gelegenheit gestanden haben, nun unter den besten Vorzeichen einen friedlichen Brückenschlag zwischen Monarchie und Republik vornehmen zu können.

Hinter den Kulissen war die Familienmaschinerie der Habsburger bereits seit vielen Monaten aktiv. Eine neue juridische Interpretation der „Habsburgergesetze" (die von Friedrich Funder zu Recht als Raubgesetze dieser Republik bezeichnet wurden) – was die Einreise betrifft – ließ erstmals berechtigt hoffen! Außerdem stand der 90. Geburtstag der Familienmutter ins Haus, was auch für die Öffentlichkeit optisch Anlaß genug war, aufs Ganze zu gehen. Motiviert war die Familie vor allem durch ein Verwaltungsgerichtshofurteil vom 11. Februar 1980, das besagt, daß man die „einreisehemmenden" Gesetze von 1919 plötzlich aus einem anderen Licht sehen darf.

Im Gespräch mit dem österreichischen Bundeskanzler war der spanische König aber zweifellos das heißeste Eisen im Feuer.

Das Gespräch auf Mallorca blieb der Familie natürlich nicht sehr lange unbekannt. Nun wußte man, daß der Bundeskanzler einer Rückkehr von Zita nach Österreich aufgeschlossen gegenüberstand. Die Zeit schien jetzt auch reif, um die Presse mitspielen zu lassen und damit auch dem Medienspezialisten Kreisky mit sanftem Hinweis eine weitere Brücke anzubieten.

Ein Kind der Kaiserin war es, das einem befreundeten Redakteur einer österreichischen Tageszeitung dann den Anreiz gab, sich wieder einmal der Einreisefrage zu widmen – schließlich könnte der 90. Geburtstag von Zita dafür Anlaß genug sein. Das Angebot saß, und nach Erscheinen des Artikels zog auf einmal zum selben Thema die internationale Presse mit. Nach jahrzehntelanger mehr oder minder starker Abstinenz in den Medien war die exilierte Kaiserin plötzlich wieder ein Thema.

Gegenüber Journalistenfragen formulierte Bruno Kreisky noch Anfang Mai 1982 sehr vorsichtig, daß „man eine Möglichkeit finden wird für die Einreise – vorausgesetzt, sie lasse sich rechtlich vertreten". Zu diesem Zeitpunkt muß Kreisky bereits gewußt haben, daß es diese Möglichkeit gibt. (Schließlich kam Zita bereits wenige Tage später, am 16. Mai, anstandslos über die Grenze.) Höchstwahrscheinlich lag ihm bis dato aber noch keine Endfassung der entsprechenden Ausformulierung seiner Hausjuristen vor, auf die er sich hätte stützen können. Aufs engste mit dieser äußerst sensiblen Materie im Bereich der Judikatur war Ludwig Adamovich befaßt; seit Oktober 1976 Leiter des Verfassungsdienstes im Bundeskanzleramt, ein Jahr später in diesem Aufgabengebiet Sektionschef (seit 1984 Präsident des Verfassungsgerichtshofes). Er und seine Beamten hatten den Auftrag, nach einer rechtlich vertretbaren Möglichkeit für die Einreise von Zita zu suchen. Adamovich: „Er suchte förmlich Mittel und Wege, um das Hindernis des Einreiseverbotes aus der Welt zu räumen!"

Trotzdem: man kam nicht so recht voran. Es war immerhin ein einmaliger Fall, den es zu lösen galt – bis eine zündende Idee seines Mitarbeiters Klaus Berchtold endlich Licht am Horizont erkennen ließ: Er erinnerte sich an die Verwaltungsgerichtshofentscheidung zum Begehren von Zitas Sohn, Erzherzog Rudolf, zwei Jahre zuvor. Damals vertrat das Gericht die Auffassung, daß zum Hause Habsburg-Lothringen nur jemand gehört, dem ein Nachfolgeanspruch auf den Thron eingeräumt ist. So suchte man diesen Entscheid vom 11. Februar 1980 heraus und wußte, „wenn man von dieser Rechtsauffassung ausgeht, wäre Zita gerettet ... da sie ja dem Haus Habsburg-Lothringen in diesem Sinn nie angehört hatte" (Adamovich).

Immerhin weiß der Verwaltungsgerichtshof aber zwischen dem „Haus" und der „Familie" Habsburg-Lothringen zu unterscheiden.

Was aber stand in diesem Erkenntnisurteil für Erzherzog Rudolf?

Der jüngste Sohn der Kaiserin wurde am 5. September 1919 geboren. Er stellte im Mai 1978 an die Österreichische Bundesregierung den Antrag auf Feststellung, daß er von der Landesverweisung (vom April 1919!) ja gar nicht betroffen sein könne, da er erst nach Inkrafttreten dieses Gesetzes geboren worden ist. Doch diesen Antrag von seinem Rechtsanwalt Wolfram Bitschnau wurde zuerst abschlägig beschieden.

Die Bundesregierung hat dem Antrag des Beschwerdeführers mit dem angefochtenen Bescheid im Einvernehmen mit dem Hauptausschuß des Nationalrates nicht stattgegeben und folgendermaßen begründet:

1. Es sei unbestritten, daß der Beschwerdeführer dem Hause Habsburg-Lothringen angehöre, er selbst beziehe sich darauf in seinem Antrag.

2. § 2 des „Habsburgergesetzes" stelle bloß auf die Mitgliedschaft zum Hause Habsburg-Lothringen ab, ohne irgendeine rechtliche oder tatsächliche Qualifikation vorzunehmen, insbesondere würden keine Unterschiede hinsichtlich des Geburtsdatums getroffen.

3. Aus dem grammatikalischen Element der Wendung „werden ... verwiesen" im § 2 des „Habsburgergesetzes" könne ebensowenig wie aus der Vergangenheitsform in dieser Gesetzesbestimmung abgeleitet werden, daß sich die Landesverweisung nur auf diejenigen Mitglieder des Hauses Habsburg-Lothringen beziehe, die zum Zeitpunkt des Habsburgergesetzes bereits geboren gewesen seien. Die Landesverweisung betreffe nicht nur Personen, die am 10. April 1919 bereits am Leben gewesen seien, sondern begründe einen Rechtszustand, der – vom Gesichtspunkt des Gesetzgebers des Jahres 1919 aus – auch zukünftige Mitglieder des Hauses Habsburg-Lothringen erfaßt habe und erfassen sollte.

4. Auch im ursprünglichen Text der Regierungsvorlage zum „Habsburgergesetz“ sei die Rede davon, daß die genannten Personen des Landes verwiesen werden. Wie sich allerdings aus den Erläuternden Bemerkungen dazu ersehen lasse, werde die „Anwesenheit des ehemaligen Monarchen sowie der Mitglieder seines Hauses als eine dauernde Gefährdung der Republik angesehen“. In der Regierungsvorlage sei die Möglichkeit eines Verzichtes für Mitglieder des Hauses Habsburg-Lothringen gar nicht vorgesehen gewesen. Es lasse sich daher auch aus der dem § 2 des „Habsburgergesetzes“ immanenten Motivation klar erkennen, daß die Verweisung offenbar auf die Zukunft gerichtet sei und daß hinsichtlich des betroffenen Personenkreises alle jene Personen hätten erfaßt werden sollen, die unter Berufung auf die Zugehörigkeit zum Hause Habsburg-Lothringen Ansprüche, gegen die sich dieses Gesetz richte, „immer gegenüber der Republik Österreich geltend machen könnten“.

5. Die Bezugnahme des Beschwerdeführers auf den Beschluß der Bundesregierung vom 28. Mai 1968 sei unerheblich, weil dieser einerseits hinsichtlich des strittigen Punktes in keinem rechtswirksamen Bescheid zum Ausdruck komme und anderseits eine Rechtsauffassung wiedergebe, die bloß von einem Teilorgan des in der damaligen Sache zuständigen Organs stamme und von diesem auch nicht als Grundlage des Bescheides herangezogen worden sei. Die Bundesregierung habe in ihrer Sitzung vom 26. November 1968 die entsprechenden Stellen des Bescheidentwurfes vom 28. Mai 1968 abgeändert.

6. Österreich sei durch Artikel 10 des Staatsvertrages von Wien verpflichtet, das Habsburgergesetz aufrechtzuerhalten. Eine Auslegung im Sinne des Antrages des Beschwerdeführers würde zu einer weitgehenden Aushöhlung einer zentralen Bestimmung führen, weil dem „Habsburgergesetz“ die Zielsetzung zugrunde liege, allfällige Ansprüche von Mitgliedern des Hauses Habsburg-Lothringen hintanzuhalten.

Gegen diesen Bescheid richtete nun Rudolf durch Rechtsanwalt Bitschnau eine wegen Rechtswidrigkeit des Inhaltes erhobene Beschwerde an den Verwaltungsgerichtshof. Verletzt sah sich der Beschwerdeführer in seinem Recht auf gesetzmäßige Anwendung des § 2 des Gesetzes vom 3. April 1919, StGBl. Nr. 209, auf seine Person, weil er entgegen dem Wortlaut und dem Sinn dieser Gesetzesbestimmung nach Ansicht der belangten Behörde von der Landesverweisung betroffen sei.

Beantragt wurde, den angefochtenen Bescheid zur Gänze aufzuheben und die belangte Behörde zu verpflichten, im vorliegenden Fall unverzüglich den der Rechtsanschauung des Verwaltungsgerichtshofes entsprechenden Rechtszustandes herzustellen.

In der Begründung der Beschwerde wird über eine Wiederholung bereits im Antrag enthalten gewesener Argumente hinaus angeführt:

Wenn der Gesetzgeber des Jahres 1919 den Personenkreis der betroffenen Personen (theoretisch) auf Jahrzehnte und Jahrhunderte hinaus hätte ausdehnen wollen, hätte er dies im Gesetz ausdrücklich verankern müssen. Die für alle

Zeit unbeschränkte Ausdehnung des von der Landesverweisung betroffenen Personenkreises, wie sie der angefochtene Bescheid vornehme, käme einer Sippenhaftung gleich.

Die Landesverweisung im „Habsburgergesetz" sei nur aus der historischen Situation der Jahre 1918/19 erklärlich, denn damals habe man das Haus Habsburg-Lothringen als schuldig am Krieg 1914–1918 angesehen und überdies an Restaurationsversuche des letzten Kaisers geglaubt.

Die Frage einer Schuld oder Mitschuld am Ersten Weltkrieg habe aber nur damals lebende Mitglieder des Hauses Habsburg-Lothringen betreffen können, keineswegs Personen, die erst später geboren worden seien. Offenbar sei sich der Gesetzgeber dieses Problems bewußt gewesen, wenn er im § 2 des „Habsburgergesetzes" die Gegewartsform („. . . werden . . . verwiesen . . .") verwendet habe.

Auch wenn man der Argumentation in Punkt 4. der Begründung des angefochtenen Bescheides folge, ergebe sich, daß nur die schon am 10. April 1919 lebenden Mitglieder des Hauses Habsburg-Lothringen allenfalls früher bestehende Rechte oder Vorrechte geltend machen könnten, weil durch das „Habsburgergesetz" und durch das Gesetz vom 3. April 1919, StGBl. Nr. 211, über die Aufhebung des Adels alle derartigen Rechte und Vorrechte aufgehoben worden seien, so daß ein nach dem 10. April 1919 geborenes Mitglied des Hauses Habsburg-Lothringen weder derartige Rechte besessen habe, noch sie beanspruchen, noch auf sie verzichten könne.

Auch der Hinweis auf Art. 10 des Staatsvertrages schlage nicht durch, weil das Habsburgergesetz in allen heute noch wesentlichen Punkten voll gültig bleibe und nur dessen § 2 in dem Maße obsolet werde, als die vor dem 10. April 1919 geborenen Mitglieder des Hauses Habsburg-Lothringen versterben. Nach dem Tode des letzten vor dem 10. April 1919 geborenen Habsburgers, sei die Landesverweisung auf niemanden mehr anwendbar.

Es würde dem Sinn und Geist der demokratischen Verfassung widersprechen, für alle Zukunft den Aufenthalt in der Heimat von einer Verzichtserklärung auf Rechte, die längst nicht mehr bestehen, abhängig zu machen.

Nicht einzusehen aber sei, was die Landesverweisung mit der Erhebung von Ansprüchen durch die nach dem 10. April 1919 geborenen Habsburger zu tun haben solle.

Die belangte Behörde stellte in ihrer Gegenschrift primär den Antrag auf Zurückweisung der Beschwerde als unzulässig, in eventu den Antrag auf deren Abweisung als unbegründet. Diese Rechtsauffassung werde durch die Zielsetzung des „Habsburgergesetzes" untermauert, es sei offensichtlich, daß die Gefahr, der das Gesetz durch die Landesverweisung vorzubeugen trachte, nicht nur in den im Zeitpunkt des Inkrafttretens lebenden Personen des Hauses Habsburg-Lothringen gegeben gewesen sei, sondern auch in ihren Nachkommen.

Thronansprüche von Mitgliedern des Hauses Habsburg-Lothringen, die sich in der Republik Österreich selbst befinden, sollten durch deren Bekenntnis zur Republik ausgeschlossen sein. Es ist offenkundig, daß diese Zielsetzung des Gesetzes – die Sicherung der Republik gegen die Restaurationsgefahr – nur dann wirksam sein konnte, wenn das Gesetz auch nach seinem Inkrafttreten geborene Mitglieder des Hauses Habsburg-Lothringen erfasse.

Das „Habsburgergesetz" stehe nur deshalb im Verfassungsrang, weil dadurch verfassungsgesetzlich gewährleistete Rechte aufgehoben oder eingeschränkt würden. Es sei der Verwaltungsgerichtshof zuständig, wenn keine Verletzung eines verfassungsgesetzlich gewährleisteten Rechtes, wohl aber die gesetzwidrige Anwendung eines die staatsbürgerschaftlichen Grundrechte einschränkenden Bundes-Verfassungsgesetzes behauptet werde.

Die Entscheidung des Verwaltungsgerichtshofes hing nun von der Auslegung der Bestimmung der Landesverweisung und der Übernahme des Vermögens des Hauses Habsburg-Lothringen ab, die folgenden Wortlaut (Bundesverfassungsgesetz, 4. Juli 1963) hat:

„§ 2. Im Interesse der Sicherheit der Republik werden der ehemalige Träger der Krone und die sonstigen Mitglieder des Hauses Habsburg-Lothringen, diese, soweit sie nicht auf ihre Mitgliedschaft zu diesem Hause und auf alle aus ihr gefolgerten Herrschaftsansprüche ausdrücklich verzichten und sich als getreue Staatsbürger der Republik bekannt haben, des Landes verwiesen. Die Festsetzung, ob diese Erklärung als ausreichend zu erkennen sei, steht der Bundesregierung im Einvernehmen mit dem Hauptausschuß des Nationalrates zu."

Der für die folgenden rechtlichen Überlegungen gleichfalls bedeutsame § 1 Abs. 1 des Gesetzes StGBl. Nr. 209/1919 hat den Wortlaut: „Alle Herrscherrechte und sonstigen Vorrechte des Hauses Habsburg-Lothringen sowie aller Mitglieder dieses Hauses sind in Österreich für immerwährende Zeiten aufgehoben."

Die Erläuternden Bemerkungen zu § 2 des Gesetzes StGBl. Nr. 209/1919 (in seinem ursprünglichen Wortlaut) besagen:

„Die Anwesenheit des ehemaligen Monarchen sowie der Mitglieder seines Hauses bedeutet eine dauernde Gefährdung der Republik, da diese Personen immer wieder der Mittelpunkt von reaktionären, monarchistischen Bewegungen werden können. Was speziell die Absichten des ehemaligen Kaisers betrifft, so gibt seine keineswegs vorbehaltlos abgegebene Verzichtserklärung vom 11. November 1918 zu ernsten Bedenken Anlaß.

Daß sie kein Thronverzicht ist und nicht sein soll, ist allgemein bekannt und wird überdies von monarchistischen Organen ausdrücklich betont.

Der ehemalige Kaiser erklärte nur lediglich, auf jeden Anteil an den Staatsgeschäften zu verzichten. Und auch dieser beschränkte Verzicht ist lediglich für Deutschösterreich, nicht aber für die anderen auf dem Gebiete des ehemaligen Österreich gestandenen (soll wohl heißen ‚entstandenen') Nationalstaaten ausgesprochen.

In seinem Herrschertitel erhebt überdies der ehemalige Monarch Ansprüche auf die Beherrschung von Staatsgebieten, die der Republik unmittelbar benachbart sind und mit denen die Republik in Frieden und in Freundschaft leben will. Die Republik hat das lebhafteste Interesse, daß sich innerhalb ihrer Grenzen nicht ein Heer politischer Unternehmungen bildet, die auf die Wiedereinsetzung der Habsburger in Böhmen, Ungarn, Polen, Jugoslawien usw., gerichtet sind.

Aus diesem Grund ist es notwendig, alle Mitglieder des Hauses Habsburg-Lothringen des Landes zu verweisen. Das gleiche gilt für die mit dieser Familie verschwägerten Mitglieder des Hauses Bourbon-Parma."

Der Bericht des Verfassungsausschusses zu der von diesem in zwei wesentlichen Punkten (Möglichkeiten der Abwendung der Landesverweisung durch Abgabe einer Erklärung durch die „sonstigen Mitglieder des Hauses Habsburg-Lothringen" mit Ausnahme des ehemaligen Trägers der Krone; Eliminierung der vorgesehenen Landesverweisung auch der Mitglieder des Hauses Bourbon-Parma) geänderten Bestimmung des § 2 des Gesetzes StGBl. Nr. 209/1919 lautet:

„Im § 2 wurde die Begründung der Landesverweisung durch die Rücksicht auf die durch die Verzichtserklärung des früheren Kaisers nicht berührten, insbesondere in dem bisher geführten Titel geltend gemachten Ansprüche auf Beherrschung anderer Staatsgebiete gestrichen. Dies geschah zunächst aus rechtstechnischen Gründen, da Motive nicht in ein Gesetz gehören, dann aber auch um die politische Wirkung nicht durch eine umständliche Begründung abzuschwächen.

Eine größere Änderung hat § 2 dadurch erfahren, daß die Landesverweisung des Hauses Bourbon-Parma überhaupt in der Erwägung fallen gelassen wurde, daß die Angehörigen dieser Familie als Landesfremde jederzeit ausgewiesen werden können, daß es daher keines Gesetzes bedarf, um diesen Zweck zu erreichen. Auch von einer bedingungslosen Ausweisung aller sonstigen Mitglieder des Hauses Habsburg-Lothringen – mit Ausnahme des ehemaligen Monarchen – wurde abgesehen.

Nach der vom Verfassungsausschuß beschlossenen Textierung des § 2 werden die sonstigen Mitglieder des Hauses Habsburg-Lothringen nur insoweit des Landes verwiesen, als sie nicht auf ihre Mitgliedschaft zu diesem Hause und auf alle aus ihr gefolgerten Herrschaftsansprüche ausdrücklich verzichten und sich als getreue Staatsbürger der Republik bekannt haben.

Die Festsetzung, ob diese Erklärung als ausreichend zu erkennen sei, soll der Staatsregierung im Einvernehmen mit dem Hauptausschusse der Nationalversammlung zustehen. Haben die ehemaligen Erzherzoge und Erzherzoginnen eine solche Erklärung abgegeben, dann ist nach Ansicht des Verfassungsausschusses kein Grund vorhanden, ihnen den Aufenthalt in der Republik zu verwehren."

Die Beschwerde suchte ihren Rechtsstandpunkt, der Beschwerdeführer sei von der in § 2 des Gesetzes StGBl. Nr. 209/1919 enthaltenen Landesverweisung nicht betroffen, zunächst auf die Verwendung der Indikativform des passiven Präsens („. . . werden . . . verwiesen . . .") im Text dieser Bestimmung zu stützen. Hierin folgte ihr der Verwaltungsgerichtshof nicht. Er tritt vielmehr der vom Vertreter der belangten Behörde in der mündlichen Verhandlung vor dem Gerichtshof entwickelten Meinung bei, es liege hier lediglich eine bestimmte Form sprachlicher Gesetzestechnik vor, aus der Schlüsse auf den normativen Gehalt der Bestimmung weder im Sinne des Rechtsstandpunktes der Beschwerde noch in jenem der belangten Behörde gezogen werden können.

Wesentlich für diesen ausschlaggebenden normativen Gehalt ist vielmehr, was unter dem im Gesetz verwendeten Begriff „. . . und die sonstigen Mitglieder des Hauses Habsburg-Lothringen . . ." zu verstehen ist.

Da sich der Gesetzgeber hier ausdrücklich nicht des Begriffes der „Familie" (Habsburg-Lothringen), sondern jenes des „Hauses Habsburg-Lothringen" bedient hat, ist der Bedeutung des letztgenannten Begriffes nachzugehen, wobei offensichtlich ist, daß er mit dem der „Familie" nicht ident sein kann. Es ist nicht einzusehen, warum – wäre er ident – der Gesetzgeber nicht auch in § 2 des Gesetzes StGBl. Nr. 209/1919 den ihm sonst in zahlreichen Vorschriften des öffentlichen und privaten Rechts geläufigen Begriff der „Familie" als einer durch Bande der Ehe, Verwandtschaft oder Schwägerschaft verbundenen Personenmehrheit gewählt hätte.

Vielmehr handelt es sich bei dem verwendeten Begriff des „Hauses", insbesondere im Zusammenhang mit dem Familiennamen Habsburg-Lothringen, offenbar um einen der Rechtsordnung der bis November 1918 bestandenen österreichischen Monarchie entlehnten und ihr eigenen Begriff, worauf insbesondere auch hindeutet, daß er im mehrfach erwähnten Gesetz des bereits republikanischen Gesetzgebers im Zusammenhang mit aus der Mitgliedschaft zu diesem „Hause" gefolgerten Herrschaftsansprüchen gesehen wird.

Innerhalb des für das Staatsgebiet der heutigen Republik Österreich (oder zumindest seiner überwiegenden Teile bis zur Begründung einer Republik) gültig gewesenen Staatsrechtes enthielt der Rechtsbegriff „Haus" im Zusammenhang mit der Familie Habsburg-Lothringen bzw. (vor 1780) der Familie Habsburg, und zwar in der Fassung „durchlauchtigstes Ertzhaus", insbesondere die Sanctio pragmatica Kaiser Karls VI., deren Absatz V „Über die Erbfolge des durchlauchtigsten Ertzhauses Österreich" nach dem Protokoll vom 19. April 1713 (Wiedergabe nach Bernatzik, „Die österreichischen Verfassungsgesetze", 1906, Seite 8) folgenden Wortlaut:

„Alles in dem Verstand, daß nach beiden, der jetzt regierenden Carolinischen, und nachfolgender in dem weiblichen Geschlecht hinterlassenen Josephinischen Linien, Ihrer Kayserlichen Majestät Frau Schwestern, und allen übrigen Linien des durchlauchtigsten Ertzhauses, nach dem Recht der Erst-Geburt, in ihrer daher entspringenden Ordnung, jedes Erbrecht, und was dem anklebet, gebühre, allerdings bevorbleibe, und vorbehalten sey."

In vergleichbarem Sinne wurde durch § 5 des Ungarischen Gesetzartikels II vom Jahre 1722/23 das erbliche Recht der Nachfolge in dem Reiche und der Krone von Ungarn und den dazu gehörigen Ländern und Reichen „auch auf das weibliche Geschlecht des Durchlauchtigsten Hauses Österreich . . .“ übertragen.

Daraus folgt, daß der staats- bzw. verfassungsrechtliche Begriff „Haus“ (Österreich oder Habsburg oder Habsburg-Lothringen) nach der bis November 1918 in Österreich in Geltung gestandenen Staats- und Verfassungsrechtsordnung eine Zusammenfassung der Personen bedeutete, denen kraft ihrer Abstammung ein Nachfolgeanspruch, wenn auch noch so bedingter und damit entfernter Art, auf den Thron eingeräumt war.

Auch andere Bestimmungen, mit an sich anderen Zielsetzungen (etwa § 2 des Gesetzes vom 21. Dezember 1867, RGBl. Nr. 141: „Mitglieder des Herrenhauses sind durch Geburt die großjährigen Prinzen des Kaiserlichen Hauses“), stehen diesem Begriffeinhalt nicht entgegen.

Vielmehr hat sich auch der republikanische Gesetzgeber diesem Begriffsinhalt konsequent angeschlossen, wenn er (3. April 1919) alle Herrscherrechte und sonstigen Vorrechte des Hauses Habsburg-Lothringen sowie aller Mitglieder dieses Hauses in Österreich für immerwährende Zeiten aufgehoben hat.

Da der Begriff des „Hauses“ im Zusammenhang mit „Österreich“, „Habsburg“ oder „Habsburg-Lothringen“ an das Bestehen solcher Herrscherrechte gebunden und mit ihnen untrennbar verknüpft war, hat auch dieser Begriff in seiner der Rechtsordnung der früheren Monarchie eigenen Bedeutung mit Aufhebung der genannten Herrscherrechte aufgehört, ein Begriff der weiterhin geltenden österreichischen Rechtsordnung zu sein.

Daraus aber ergibt sich zwingend, daß es von da an nicht länger möglich war, in den bis dahin durch diesen Rechtsbegriff umschriebenen Personenkreis neu einzutreten. Als „Mitglieder des Hauses Habsburg-Lothringen“ konnten also spätestens mit dem Inkrafttreten dieser Bestimmung nur Personen gelten, deren „Mitgliedschaft“ zu dem „Hause“ schon im Zeitpunkt dieses Inkrafttretens bestand.

In einem späteren Zeitpunkt konnte eine solche „Mitgliedschaft“ für den österreichischen Rechtsbereich nicht mehr neu, insbesondere nicht durch Geburt (das wäre der Fall des Beschwerdeführers), erworben werden.

War dies aber nicht der Fall, dann konnten Personen, denen es nicht mehr möglich war, die rechtliche Qualifikation eines „Mitgliedes des Hauses Habsburg-Lothringen“ zu erlangen, auch nicht mehr von Beschränkungen erfaßt werden, denen die im Rahmen der geltenden Verfassungsordnung als Ausnahmsbestimmung anzusehenden Vorschrift Personen mit dieser rechtlichen Qualifikation unterwirft. Denn daß die zuletzt erwähnte Bestimmung, eben weil sie eine Ausnahmsbestimmung im Verhältnis zur Verfassungs- und Grundrechtsordnung ist, keinesfalls ausdehnend ausgelegt werden darf, ist eine Maxime, der selbst die belangte Behörde durchaus zustimmt.

Insbesondere erfaßt sie auch nicht im Zeitpunkt ihres Inkrafttretens ungeborene Kinder nach dem Zeitpunkt ihrer Empfängnis (ein solches wäre der Beschwerdeführer), weil die Fiktion des § 22 ABGB nicht zu Ungunsten des „nasciturus“ gilt und in Form eines sogenannten „privilegium odiosum“ für die dort umschriebene Personengruppe nur Rechtsnachteile begründet.

Der Verfassungsausschuß ist damit von der Vorstellung ausgegangen, daß seiner Meinung nach für die Abgabe der im Gesetz geforderten Erklärung nur Personen in Betracht kämen, denen ehemals die Rechtsstellung eines Erzherzogs oder einer Erzherzogin zukam. Daß diese Voraussetzung für die im Zeitpunkt des Inkrafttretens des Gesetzes noch nicht geborenen Personen in einer für die österreichische Rechtsordnung maßgebenden Weise nicht mehr erfüllt werden konnte, bedarf keiner weiteren Erörterung.

Da die Auslegungsregeln des § 6 ABGB bei Ermittlung des Inhaltes eines Gesetzes neben der Bedeutung der Worte in ihrem Zusammenhange zwingend auch die Berücksichtigung der „klaren Absicht des Gesetzgebers“ anordnen, hatte der Verwaltungsgerichtshof den ihm vorliegenden Beschwerdefall auch unter diesem Gesichtspunkt zu prüfen. Dabei blieb die Streitfrage offen, ob die teleologische Auslegung der eben angeführten Gesetzesstelle von der erkennbaren Absicht des historischen Gesetzgebers oder von der klaren Absicht des gegenwärtigen Gesetzgebers auszugehen hat.

Aus dem einen wie dem anderen ergibt sich, daß die vom historischen Gesetzgeber mit der auszulegenden Bestimmung (und dem ganzen Gesetz StGBl. Nr. 209/1919) verfolgte klare Absicht mit der im Zeitpunkt der Gesetzwerdung gegebenen historischen Situation verbunden war und daher auch nur unter Mitberücksichtigung dieser besonderen Situation gesehen und beurteilt werden kann. Einerseits hat der historische Gesetzgeber an eine Gefährdung der staatlichen Existenz der Republik durch Restaurationsversuche des früheren Kaisers oder Angehöriger seines „Hauses“, anderseits durch Reaktionen von Nachbarstaaten auf solche Versuche geglaubt.

Das alles läßt keinen Schluß darauf zu, dieser Gesetzgeber hätte damals noch ungeborene Kinder nur im Hinblick auf ihre Abstammung im Widerspruch zur sonstigen Verfassungs- und Grundrechtsordnung stehenden Beschränkungen unterwerfen wollen. Daß solche Personen (damals noch Ungeborene) unter keinen Umständen (weder aus innen- noch aus außenpolitischer Sicht) eine Gefährdung der Sicherheit der Republik darstellen konnten, ergibt sich daraus, daß sie damals als Personen noch nicht existent waren.

Der Verwaltungsgerichtshof konnte aus dem Gesetz gewordenen Wortlaut des § 2 des Gesetzes StGBl. Nr. 209/1919 im Gegensatz zu dem in dieser Richtung in der mündlichen Verhandlung vor dem Gerichtshof vom Beschwerde-

Damit lag nun ein Urteil vor, das freilich nur auf den Erzherzog zugeschnitten war. Und es erhob sich die Frage, ob es auch auf die Kaiserin zutreffen könnte, bei der die Dinge doch anders lagen als für ihren jüngsten Sohn.

Ludwig Adamovich: „Hätte der Bundeskanzler nicht diese entgegenkommende Auffassung gehabt, hätte uns nichts gezwungen, die Rechtsauffassung des Verwaltungsgerichtshofes zu akzeptieren. Auch Kreisky hätte, wenn er nicht wollte, es auf weitere Gerichtsentscheidungen ankommen lassen können. Das tat er aber nicht. Er wollte diese Gerichtserkenntnis für Rudolf auch auf Zita bezogen wissen."

Erzherzog Rudolf konnte einreisen. Diese Entscheidung des Verwaltungsgerichtshofes verpflichtete die Regierung, ihn als nicht unter die Bestimmungen des „Habsburgergesetzes" fallend einzuordnen.
führer Vorgebrachten eine weitere „klare Absicht des Gesetzgebers", die auf der Annahme beruhte, das „Haus" Habsburg-Lothringen trage Schuld am Ausbruch des Ersten Weltkrieges und der damit auch über die Bevölkerung der Republik Österreich hereingebrochenen Katastrophe, nicht erkennen.

Die Statuierung jeder Art von Haftung für ein Ereignis, das vor der Geburt der betreffenden Person eingetreten war, begründe eine Form von „Sippenhaftung", die der Rechtsordnung jedes Kulturstaates und insbesondere der österreichischen Rechtsordnung seit Jahrhunderten derart fremd ist, daß die Absicht eines österreichischen Gesetzgebers des 20. Jahrhunderts dahin keinesfalls gegangen sein kann. Hier Rechtsnachteile bis in die Ferne einer nicht abgegrenzten Zukunft nur an die Tatsache zu knüpfen, daß der Betroffene einer bestimmten Familie entstammt, steht in einem solchen Widerspruch zu allen fundamentalen Grundsätzen abendländischer Rechtsordnungen, daß der Verwaltungsgerichtshof außerstande ist, dem (derzeitigen) Gesetzgeber eine Absicht in solcher Richtung zu unterstellen.

Im Verhältnis zu diesen Überlegungen kann im Rahmen der teleologischen Auslegung der ursprünglich mitverfolgten Absicht, möglichen Versuchen einer Restauration der Monarchie in Österreich entgegenzuwirken, heute keine durchschlagende Bedeutung mehr beigemessen werden, zumal die geschichtliche Entwicklung der letzten Jahrzehnte gezeigt hat, daß ernsthafte Versuche in dieser Richtung weder im Inland noch vom Ausland her unternommen worden sind.

In diesem Beschwerdefall ging es ausschließlich um die Frage, welchen Inhalt dieses Gesetz auf eine ganz bestimmte Frage hat und auch schon im Zeitpunkt des Staatsvertrages, bzw. damals 1919, gehabt hat.

Der Verwaltungsgerichtshof erkannte nun, „daß auch die teleologische Auslegung des § 2 des Gesetzes StGBl. Nr. 209/1919 – aus welcher Sicht immer sie unternommen werden mag – den von der belangten Behörde im angefochtenen Bescheid bezogenen Rechtsstandpunkt nicht stützt. Deshalb mußte dieser Bescheid vom Verwaltungsgerichtshof wegen Rechtswidrigkeit seines Inhaltes gemäß § 42 Abs. 2 lit. a VwGG 1965 aufgehoben werden."

Kreisky suchte die Kontinuität mit der Geschichte vor 1918. Aber da gab es auch die große menschliche Achtung vor Zita, die ihn zum Entscheid für eine anstandslose Einreise bewog. Daß erst zwei Jahre zuvor diese Entscheidung für Erzherzog Rudolf fiel und man sich ihrer erinnerte, war für die Geschichtsschreibung Österreichs ein Zufall – mit Sicherheit aber ein Glücksfall.

Die „Gefahr“ einer Restauration hat der Bundeskanzler nie gesehen, seine Haltung war ausschließlich immer auf die Person der Kaiserin bezogen. Adamovich: „Eine förmliche Entscheidung, was die Einreise für sie betraf, hat es nie gegeben. Man wollte die Sache pragmatisch lösen. Kreiskys Wunsch war immer: ‚Bitte, keine Staatsaffäre!‘ Zita sei eine alte Dame, die zu respektieren ist . . .“

Daß sie allein nie hätte regieren können, weil sie ja angeheiratet war, wußte man nicht erst seit 1982. Aber in den Jahrzehnten nach Inkrafttreten der „Habsburgergesetze“, zuerst in einer wirtschaftlich und politisch verheerenden Zeit für die junge Republik (deren Gründung ja nicht auf einen Volksentscheid zurückzuführen ist, sondern auf das eigenwillige Handeln einer „provisorischen Nationalversammlung“), dann durch den Zweiten Weltkrieg und seine erbärmlichen Folgejahre, dachte eigentlich niemand vorrangig daran, daß man Zita die Rückkehr gar nicht hätte verweigern können.

Einen österreichischen Paß hat die Kaiserin nie erhalten. Zur Einreise nach Österreich mußte sie sich sogar extra ihren spanischen verlängern lassen. Überhaupt haben solche spanischen Dokumente bereits Tradition im Kaiserhaus. Schon Karl benutzte ihn bei seinem ersten Restaurationsversuch im März 1921, als er mit dem Zug von Straßburg nach Wien unterwegs war. Damals hieß er in seinem Paß Rodrigo Sanguenz. (Das Dokument hatte die Nummer 792, war von der Polizeipräfektur in Paris beglaubigt (!) und mit verschiedenen Visa versehen.)

Anläßlich des Ausscheidens aus seinem Amt erhielt Bruno Kreisky tausende Briefe, die aus allen Gesellschaftsschichten des Landes kamen. In seiner letzten Rede als Abgeordneter im Nationalrat (28. September 1983) meinte er dazu wörtlich: „Am eindrucksvollsten waren die Briefe älterer Frauen. Sie reichen von den Hilfsarbeiterinnen bis hinüber zur ehemaligen Kaiserin von Österreich, und jeder würde lügen, der sagte, daß ihm das gleichgültig sei.“

*

Nach ihrer Rückkehr gab es von Zita niemals politische Äußerungen in Österreich. Bei all ihren Gesprächen in der Öffentlichkeit beschränkte sie sich darauf mitzuteilen, wie gut es ihr in Österreich gefalle und wie glücklich sie wäre, wieder zuhause zu sein. In besonderen Fällen ging sie soweit, daß sie im kleinen Kreis von früher erzählte – aber auch nur Familiäres. Mehr konnte und durfte man von ihr auch gar nicht erwarten. Verständlicherweise. Daß sie seit dem Ableben ihres Gemahls nichts anderes als schwarze Kleidung trug, war nicht nur ihre persönliche Überzeugung von Trauer, sondern auch alte Familientradition, die bis auf Maria Theresia zurückreicht.

Mit schier unerschöpflicher Geduld mußte sie immer wieder erklären, daß sie keine Autogramme gibt. Unbelehrbar wie der Mensch ist, wurde sie trotzdem immer wieder um eine „einzige" Ausnahme gebeten. Dabei übersahen alle, daß die gegebene Unterschrift von Kaiserin Zita nahezu einem Staatsakt gleichkommt und nicht mit der Sympathiekundgebung eines Schlagersängers verwechselt werden darf. Zita hat sich aber keinesfalls geweigert, überhaupt zu unterschreiben; sie tat es sogar öfters. Aber es ging immer eine Überlegung und Entscheidung dafür voraus.

Bei all ihren öffentlichen Auftritten stellte sich natürlich für die Veranstalter immer die Frage nach der entsprechenden Etikette. Schließlich war man den Umgang mit einer gekrönten Monarchin schon lange nicht mehr gewohnt. Nach vielen internen Besprechungen und nicht selten nach Rückfrage bei ihren Kindern oder Enkeln zeigte sich dann, daß man darauf kaum erpicht war. Das mag daran gelegen haben, daß sie eine sehr herzliche Persönlichkeit war, die von Natur aus jeder Distanz abhold gewesen ist. Sie selbst ließ nie verlauten, daß sie auf eine besondere Etikette Wert legen würde. Ist jemals Distanz aufgekommen, dann lag es zumeist daran, daß man päpstlicher als der Papst sein wollte.

Alle, die sie näher kennen durften, schätzten ihren aktiven und passiven Humor. Vor allem hatte sie immer Verständnis für Situationskomik – bei der sie nicht ungern mitmachte. Eine Unterhaltung mit ihr war immer lehrreich, oft aber auch amüsant.

Für die Familie selbst war das Erreichen ihres hohen Lebensalters von fast 97 Jahren nichts Ungewöhnliches. Zum einen besitzen die Habsburger und ihre Verwandten eine sprichwörtliche Robustheit und Gesundheit, die sich bei halbwegs gesundem Lebenswandel in einem fast biblischen Alter manifestiert, zum anderen waren auch psychisch bei Zita alle Voraussetzungen dafür gegeben: sie hatte ein sonniges, lebensbejahendes Gemüt, alle ihre Kinder und Enkelkinder machten ihr Freude, und sie spürte auch nie einen Anflug von Verbitterung. Zita fand sich mit dem Lauf der Zeit ab und wußte, daß es den Leuten in ihrem ehemaligen Reich heute gut geht. Natürlich, da gab es die Menschen hinter dem Eisernen Vorhang, deren Schicksal Zita ganz besonders berührte, aber sie wußte, daß hier die Geschichte noch nicht das letzte Wort gesprochen hat. Sie betete täglich für ihre Landsleute jenseits von Save, Drau und March.

Nur ein einziges Mal nach ihrer Rückkehr in die Heimat sorgte Zita für Schlagzeilen in der Weltpresse: im März 1983 behauptete sie, daß Kronprinz Rudolf in Mayerling ermordet wurde. Sie sagte damit nichts Neues. Mayerling-Forschern ist die Mord-Version geläufig und glaubhaft. Von Bedeutung allerdings war, daß ausgerechnet Zita es gewesen ist, jemand also, der damals direkten Zugang zum „Geheimnis von Mayerling" hatte, als alle Erinnerungen und Unterlagen noch sehr frisch und aus erster Quelle zu beziehen waren. Daß die

Apropos „Mayerling“: kaum war Kaiserin Zita wieder in Österreich, erstattete Theodor Rudolf Salvator M.-C., ein Enkel von Rudolf aus der Verbindung mit Erzherzogin Maria Antonia, Strafanzeige gegen sie bei der Staatsanwaltschaft Wien, weil nicht ihr, sondern ihm die „entwendeten“ Kronjuwelen bzw. deren Erlös zustünden. Die Staatsanwaltschaft hat diese Anzeige niedergeschlagen, weil die Thematik verjährt sei.
Kaiserin eine solche Behauptung aufstellte, bekam durch ihre Person, ihre ehemalige Funktion und durch ihr unglaublich exaktes Gedächtnis – das ihr bis zuletzt niemand absprechen konnte – einen speziellen Stellenwert.

Als Informationsquelle nannte Zita primär ihre Tante Marie-José, die in das Drama von Mayerling von Kaiser Franz Joseph direkt eingeweiht wurde. Natürlich wußten auch andere Familienmitglieder davon, selbstverständlich auch Kaiser Karl. Als Drahtzieher dieses politischen Mordes bezeichnete sie den französischen Ministerpräsidenten Georges Clemenceau, als Mörder eine Gruppe von Berufskillern, die unter dem Kommando des Chirurgen, Abenteurers und Großoffiziers der Ehrenlegion, Cornelius Herz, Rudolf töteten. Beweise für ihre Aussagen hätte es ursprünglich auch schriftlich gegeben, nicht nur am Wiener Hof, sondern auch im Vatikan, sie wurden allerdings in rascher Folge aus der Welt geschafft – wohl von jenen Interessensgruppen, die mit der Ermordung Rudolfs direkt in Verbindung standen bzw. von der weiteren Geheimhaltung der wahren Todesursache (und wie es dazu kam) profitierten.

Ich kenne die Mord-Version aus anderer vertrauenswürdiger Quelle und habe nie an ihr gezweifelt. Ich glaube auch, daß mir die Hintergründe und genauen Umstände der Tat selbst recht gut bekannt sind, wenn sie sich auch zum Teil von den Schilderungen der Kaiserin unterscheiden. Denn ich glaube nicht, daß die Mörder von Kronprinz Rudolf Cornelius Herz & Co hießen. Für alle jene, die sich mit „Mayerling“ und seinen historischen Hintergründen ernsthaft beschäftigen, war dieses Aussage von Zita also nicht spektakulär. Was allerdings daran verwunderte, war, daß s i e es überhaupt sagte und dadurch all jenen eine entsprechende Legitimität gab, die berechtigt an der offiziellen Historiker- und Schulbücherversion zweifeln.

Offene Kritik an ihrer Aussage zum Mord in Mayerling konnte nicht lange auf sich warten lassen. Vor allem durch den Historiker Adam Wandruszka und seine Schülerin Brigitte Hamann, die in vollem Überschwang ihrer Überzeugung von der Richtigkeit ihrer Thesen kurz darauf in einem Zeitungsinterview mitteilte, daß das, was Kaiserin Zita berichtet habe, auf keinen neuen Quellen basiere, sondern „Tratscherei“ sei.

In einem Brief vom 17. April 1983 ließ Zita auf die Anfrage eines Fräulein B. Bernroider aus Oberösterreich durch ihre Sekretärin, Maria Baronin Plappart, antworten: „Was den armen Kronprinz Rudolf betrifft, so fiel er einem politischen Mordanschlag zum Opfer (was Ihre Majestät und die ganze kaiserliche Familie von jeher gewußt haben), jedenfalls war es nie und nimmer ein Selbstmord. Mary Vetsera dürfte keinesfalls dabeigewesen sein.“

Während all ihrer Aufenthalte in Österreich blieb Zita vor weiterer derartiger Unbill verschont und durfte in Zufriedenheit bei ihrer jüngsten Tochter im Schloß ihres Schwiegersohnes Heinrich Prinz von und zu Liechtenstein die Abendsonne ihres Lebens genießen. Zwar gab es auch weiterhin ständig Anfragen mit der Bitte um Audienzen, die aber in zunehmendem Maß reduziert wurden. Dies verlangte die Rücksicht auf das hohe Alter der Kaiserin. Schloß Waldstein verließ sie ab 1984 in den Sommermonaten kaum mehr.

Eine beidseitige Lungenentzündung im Spätsommer 1988 ließ die Familie bereits das Schlimmste vermuten. Doch wieder triumphierten der Lebenswille und die unglaubliche Konstitution der Kaiserin: Nach einigen Injektionen war sie tags darauf wiederhergestellt. Im Frühherbst brachte man sie wieder nach Zizers zurück.

Oft stellte sich die Frage, warum sie nicht für immer in Waldstein blieb, statt im Frühsommer aus Zizers geholt und im Frühherbst wieder in die Schweiz zurückgebracht zu werden. Vor allem auch deshalb, weil sie ja bei jeder Gelegenheit betonte, wie glücklich sie sei, wieder in Österreich sein zu dürfen. Erzherzog Karl: „Man darf nicht vergessen, daß sie in ihren letzten Lebensjahren schon kaum mehr etwas sah. In Zizers aber kannte sie sich perfekt aus. Sie wußte genau, wo sich der Lichtschalter, die Türschnalle und ähnliches befindet. Zum Unterschied von Waldstein. Immerhin war Zizers auch der Ort, wo sie die längste Zeit ihres Lebens verbrachte."

Als die Kaiserin am 14. März 1989 in Zizers um 01.30 Uhr starb, waren ihre Kinder Rudolf, Carl Ludwig, Charlotte und Erzherzogin Regina zugegen. Sie lag etwa vier Tage im Koma und entschlief vollkommen ruhig.

Ihr ältester Sohn, Otto, erfuhr vom Ableben seiner Mutter während einer Sitzung im Europäischen Parlament in Straßburg. Noch eine Woche zuvor hatte er sie besucht. Sie war geistig vollkommen rege und ließ sich von ihm ausführlich von seiner letzten Ungarnreise anfangs März erzählen. Als er sich empfahl und sie tröstete, ohnehin in einer Woche wieder bei ihr zu sein, meinte sie mit einem Anflug jenes unergründlichen Wissens, mit dem man zumeist vor dem Tode bedacht wird, daß sie dies nicht mehr erleben werde.

Ihm obliegt es nun, ihr politisches Vermächtnis zu veröffentlichen. Sie hat es Otto von Habsburg schon vor Jahren anvertraut.

Zurück in Österreich

Reportagen

16. 5. 1982

Feldkirch-Tisis
Tulfes

An der Seite ihrer Tochter Elisabeth, Prinzessin von und zu Liechtenstein, betrat Kaiserin Zita erstmals wieder österreichischen Boden. Ein fast schon unerfüllt geglaubter Traum wurde Wirklichkeit.

Als er den Grenzübertritt von Kaiserin Zita am Vorarlberger Zollplatz „Feldkirch-Tisis“ von Berufs wegen am 16. Mai 1982 miterlebte, mußte Redakteur Johannes Greifeneder feststellen: „Es war total unspektakulär. Ich habe mir mehr erwartet!“

Immerhin ist er Mitarbeiter der auflagenstärksten österreichischen Tageszeitung. „Wäre ich nicht dort gewesen“, resümierte er verwundert, „wären die ’reingefahren, wie wenn nichts gewesen wäre. Dann hätte das auch kein Mensch erfahren . . .“

„Die", das waren damals I. M. Kaiserin und Königin Zita sowie ihre Tochter Elisabeth, eine verheiratete Prinzessin von und zu Liechtenstein, die das Auto lenkte, und ihr Gemahl, Prinz Heinrich. Sie kamen gerade von Zizers, einer kleinen Schweizer Gemeinde nahe der österreichischen Grenze, wo die Monarchin seit etwa zwanzig Jahren im Exil wohnte.

Genau eine Woche zuvor feierte sie ihren 90. Geburtstag; im gleichen Jahr wäre Kaiser Karl 95 geworden. Nach 63 Jahren in der „Fremde" war es nun soweit: der von ihr heißersehnten Rückkehr stand nichts mehr im Wege. Ein Wunder, daß es überhaupt geschehen konnte, ein Wunder, daß die hochbetagte Dame das alles in blendender geistiger Frische noch erleben durfte.

Später sagte sie in Erinnerung an diesen Augenblick in mehreren Interviews: „Ich fühlte mich endlich wieder zuhause. Kein Mensch kann erahnen, was es für mich bedeutet, nach so langer Zeit wieder in Österreich zu sein. Jetzt bin ich wirklich zuhause, und das ist halt enorm."

„Zuhause" ist dort, wo man erwartet wird. Zita konnte sich also wirklich zuhause fühlen, denn es waren sehr, sehr viele Österreicher, die sich über ihre so komplikationslose Rückkehr aufrichtig freuten. Und noch mehr gab es draußen, irgendwo in der Welt, die ihr diesen Augenblick von Herzen gönnten.

Dieser staatspolitisch relevante Akt der Einreise beschäftigte damals die Büros am Ballhausplatz und in der Herrengasse. Man wollte kein Aufsehen erregen und ließ von amtlicher Seite diese sensationelle Causa von welthistorischer Bedeutung im Keller der Verschwiegenheit. Nicht etwa, daß man sie leugnen wollte, aber man wollte sie auch nicht dem grellen Licht der Öffentlichkeit preisgeben. Irgendwo zwischen den Aktennotizen und Anweisungstelexen sammelte sich ein nicht näher identifizierbares Gefühl der Behörden, das wieder einmal nicht von geschichtlichem und verantwortungsvollem Weitblick geprägt war.

Immerhin war Zita die gekrönte Königin von Ungarn und Kaiserin von Österreich, die nicht abgedankt und auch keine Verzichtserklärung unterschrieben hat, dafür aber als wahre „Landesmutter" Österreich in seinen dunklen Stunden und während seines Wiederaufbaues mehr praktische und ideelle Hilfe zukommen ließ, als man dies je einem heimischen Politiker seit 1918 nachsagen kann.

Interessanterweise gehen die Aufzeichnungen der Chronisten dieses – auch meteorologisch – schönen Tages inhaltlich nicht konform. So hätte der Pressephotograph Greifeneder seinem Kollegen Dieter Kindermann, der ihn beauftragte, die Einreise in Wort und Bild zu dokumentieren, mitgeteilt, daß die Kaiserin tief enttäuscht darüber gewesen wäre, daß sie niemand begrüßte: „Greifeneder ging damals auf sie zu und sagte: Grüß Gott!"

Tamara Griesser-Pečar vermerkt in ihrem Buch „Zita – die Wahrheit über Europas letzte Kaiserin": „Jetzt traf der Wagen mit der greisen Heimkehrerin am österreichischen Schlagbaum ein. Drei Beamte eilten aus dem Zollhäuschen. Sie erkannten Zita . . . sofort. Freundlich salutierten sie, und einer von ihnen wünschte ihr ein ‚herzliches Willkommen'. Zita strahlte. Und jetzt rollte der Wagen endlich auf österreichisches Terrain. Nur wenige Meter, dann mußte Prinz Heinrich stoppen. Eine Gruppe temperamentvoller Journalisten hatte sich dicht an der Grenze eingefunden, um den Augenblick der Heimkehr . . . im Bild festzuhalten . . . Zita lächelte für die österreichische Presse."

Johannes Greifeneder war selbst dabei und erzählte mir sechs Jahre später über jene Stunden davor, währenddessen und danach, die er sich eingeprägt hatte, weil sie auch für einen Berufsjournalisten außergewöhnlich in ihrer Bedeutung waren:

„An diesem Sonntagmorgen fuhr ich von Salzburg an die Feldkircher Grenze. Ich war dort allein – kein Kollege, kein Begrüßungskomitee. Zuerst ging ich zu den Zöllnern, weil ich mir ein Situationsbild machen wollte. Die Beamten waren zuerst freundlich, doch dann kam ein Zollamtsleiter zu mir und hat mich regelrecht verscheucht. Er wußte, was ich wollte, und sagte, ich solle den Amtsplatz verlassen. Er war sichtlich nervös. Wahrscheinlich kam von der Bezirkshauptmannschaft die Weisung, daß alles unauffällig über die Bühne zu gehen habe. Als ich versuchte mit ihm zu reden, drohte er mir sogar an, bei nicht sofortigem Verschwinden die Gendarmerie zu holen. Als ich daraufhin ging, zeigte er mir noch genau jene Grenze des Amtsplatzes, ‚innerhalb derer ich nicht aufhältig sein darf'. Es war also nicht genehmigt, daß ein Journalist sich dort aufhalten durfte."

Aus diesem Grund gibt es nur ein einziges brauchbares Bild vom „Grenzübertritt", da andere Motive nicht ermöglicht wurden. Greifeneder verlor dadurch eine Menge Geld – er konnte Tage später die Anfragen internationaler Zeitschriften nach geeignetem Bildmaterial nicht befriedigen.

„Nachdem das Auto die Grenze passiert hatte, stieg Erzherzogin Elisabeth aus und kam zu mir, weil sie wußte, daß ich von meiner Zeitung hierher geschickt worden war. Ich bat sie, die Kaiserin zu ersuchen, für ein Bild kurz auszusteigen."

Enttäuscht war er nicht nur von den Zollbeamten. „Ich erwartete mir jemanden . . ., aber es war niemand mit Blumen hier, niemand! Ich war der einzige Österreicher in Zivil, den sie sah. Ich erwartete mir auch Musik – nichts. Selbst wenn der Ministerpräsident von Ruanda-Burundi kommt, stehen die Blumenmädels da."

Johannes Greifeneder, der keine persönliche Beziehung zur Monarchie besitzt, erkannte, daß dieser Grenzübertritt eine entscheidende Wende im Leben dieser alten Dame und den Schlußpunkt eines gehässigen, unmenschlichen Verhaltens seitens der Republik darstellte.

„Dann ging ich auf sie zu und stellte mich vor. Daraufhin stieg sie aus dem Auto und fragte mich, wo sie sich für das Photo hinstellen solle. Ich versuchte, im Hintergrund den Grenzübergang im Bild zu haben. Sie war eine so winzige Person, dünn und zerbrechlich. Da stand sie vor mir, mit ihren beiden Stöcken. Aber man merkte deutlich, daß sie ziemlich berührt war. Sie hat nicht viel geredet, sie war gefaßt und ruhig. Es war für mich beeindruckend, als sie ganz ernst und ruhig formulierte: ‚Kein Mensch kann erahnen, was das für mich bedeutet!' Dann stieg sie ins Auto und fuhr weg."

Natürlich entschuldigte sich Johannes Greifeneder bei ihr, daß man ihm den Zutritt zur Grenze verweigert habe und man nun auf der Straße stehen müsse. „Es ist alles so absurd, wenn ich mich heute noch zurückerinnere . . . auch an ihre Schuhe. Es war richtiges Schuhwerk, wie es nur alte Frauen tragen. So hohe Schuhe mit Reißverschluß. Ich weiß auch nicht, warum mir ausgerechnet das so in Erinnerung geblieben ist . . ."

Kaiserin Zitas Paß lautete auf den Namen „Herzogin von Bar". Der Titel, den beispielsweise auch Otto von Habsburg („Le Duc de Bar") in seiner Studienzeit verwendet hatte, ist gewissermaßen der „zweite" Name für den Kaiser. Dieses Adelsprädikat ist dem großen Titel des österreichischen Kaisertums entlehnt, der nach Aufzählung aller Würden am Schluß auch von einem „Herzog von Lothringen und Bar" spricht. Das Gebiet des alten Herzogtums Bar ist heute größtenteils den französischen Bezirken Meuse und Meurthe et Moselle zuzuordnen. Obwohl schon 925 urkundlich erwähnt, wurde Bar erst 1355 zum Herzogtum erhoben. Der Gemahl Kaiserin Maria Theresias, Franz Stephan von Lothringen, nahm es in das Staatswappen auf.

Ihren Paß auf den Namen „Herzogin von Bar", ein Dokument spanischer Provenience für Kaiserin Zita, hatte Erzherzogin Elisabeth bereits längst wieder verwahrt, als man nach Tulfes in Tirol fuhr. Die Monarchin wollte am ersten Tag in Österreich auch das Grab ihrer Tochter Adelhaid besuchen, zu deren Begräbnis am 2. Oktober 1971 ihr noch die Einreise verweigert worden war.

Es war der ausdrückliche Wunsch von Erzherzogin Adelhaid, ausgerechnet in Tulfes begraben zu werden. Schließlich hatte ihr Tulfes einst die Ehrenbürgerschaft und das Heimatrecht verliehen – und auch dann nicht aberkannt, als es dunkel über Europa wurde und die braunen Schergen auch die drangsalierten, die sich zur Geschichte und zur Treue des Hauses Habsburg bekannten; auch in Zeiten der Hetze gegen das Haus Österreich wurde diese Heimatberechtigung mit Zustimmung der gesamten Dorfbevölkerung der Kaisertochter nicht aberkannt. Verständlich, daß Erzherzogin Adelhaid auch dort für immer ruhen wollte, wo ihre wahre Heimat war.

Nach dem Gedenken an ihrem Grab an der Kirchenmauer wurde die Kaiserin ins nahe Innsbruck gefahren, wo sie ihre Enkelin Marie Beatrice in ihrem Heim in der Anton-Rauch-Straße besuchte. Die Erzherzogin studierte damals in der Tiroler Landeshauptstadt.

Als sich der Tag zu Ende neigte, führte Erzherzogin Elisabeth zusammen mit ihrem Gemahl ihre Mutter wieder in das ehemalige Damenstift nach Zizers zurück.

1982 – 1988

Schloß Waldstein

Zita mit der Familie ihrer jüngsten Tochter Elisabeth (vorne links). An ihrer Hand die beiden Urenkelinnen Adelheid und Hedwig, dahinter: Prinzessin Hélène, Prinz Heinrich und sein Sohn Vinzenz von und zu Liechtenstein.

Waldstein wurde aus einem Meierhof der gleichnamigen Burg zwischen 1468 und 1575 zum Schloß ausgebaut. Es liegt unmittelbar an der Straße von Deutschfeistritz nach Übelbach, wenige Kilometer von der Lurgrotte in Peggau entfernt, nicht weit von Graz.

Heinrich Prinz von und zu Liechtenstein, Zitas Schwiegersohn, ließ Waldstein in den sechziger Jahren gründlich und fachkundig restaurieren. Es zeigt heute eine regelmäßig-viereckige Anlage mit Hofarkaden, ist einstöckig und wird von offenen Gartenanlagen und Wiesen umschlossen.

Der Turm diente einst der Verteidigung; in allen fünf Geschoßen befanden sich Schießlöcher. An der Hauptstiege zur Forstdirektion im ersten Stock – dort wurde am 24. Juni 1883 der spätere Nobelpreisträger Viktor Hess geboren – ist in die Wand ein Stein mit hebräischer Inschrift eingemauert, der aus 1363 datiert und ursprünglich in der Kapelle der Hochburg Waldstein aufgestellt war.

Seit dem 17. Jahrhundert dient das Gebäude als herrschaftliche Wohnung. Dieses „Waldstein“ wurde zu einem Refugium für die Kaiserin während ihrer Österreich-Aufenthalte. Dort war sie zumeist frei von Terminen, empfing Besucher, machte viele private Ausflüge – und war glücklich.

Dort gab sie auch in der ersten Zeit nach ihrer Rückkehr zahlreiche Pressegespräche. Immer wieder wurde sie zu geschichtlichen Ereignissen befragt, immer

Schloß Waldstein in der Steiermark. Hier verbrachte Zita von 1982 bis 1988 die Sommermonate.

wieder gab sie dieselbe Antwort. Aber es war keine Resignation zu spüren, die Kaiserin antwortete immer mit Hoffnung auf das Kommende, mit zuversichtlichem Blick in die Zukunft. Und alle Journalisten waren sich einig, daß für die Dauer ihres Gespräches in keinem Fall auch nur der Anflug einer „gespenstischen Atmosphäre" aufgekommen sei. Im Gegenteil – die menschliche Brücke zur letzten regierenden Monarchin war sofort geschlagen.

Alle Besucher wurden gebeten, der Kaiserin niemals politische Fragen zu stellen. Der Großteil hielt sich daran. In jedem Fall aber antwortete die hochbetagte Dame ohne Gedankenflucht konkret. Eine ihrer bemerkenswertesten Äußerungen war wohl jene auf die Frage, ob ihre Anwesenheit in Österreich nun als endgültiger Friedensschluß zwischen Republik und Monarchie zu verstehen sei: „Der endgültige Friedensschluß ist in dreiundsechzig Jahren gewachsen. Da ist nichts Neues zu sagen. In dreiundsechzig Jahren hat man sich an alles gewöhnt und eingelebt."

Zu den bemerkenswerten Besuchern, die der Kaiserin ihre Aufwartung machten, zählte noch im Jahr ihrer ersten Einreise nach Österreich Landeshauptmann Josef Krainer: er hieß sie in „seinem" Bundesland hochoffiziell „herzlich willkommen". Und in seinem Referat vor dem Landesparteitag

Der steirische Landeshauptmann Josef Krainer besuchte die Kaiserin 1982 auf Schloß Waldstein und hieß sie in „seinem“ Bundesland sehr herzlich willkommen.

wußte er am 19. November 1983 zu berichten: „So sehen wir auch die Heimkehr der Witwe des letzten österreichischen Kaisers, Zita von Österreich, in unsere Steiermark als die notwendige Versöhnung mit unserer Geschichte an, aus der wir so viel Substanz für die Zukunftsgestaltung gewinnen konnten.“

In Waldstein wurden auch die Pläne für weitere Besuche und Veranstaltungen geschmiedet. Doch die zunehmende Ermüdung der hochbetagten Dame ließ viele Projekte unerfüllt bleiben.

Erzherzogin Elisabeth, ihre Tochter: „Sie wollte auch gern zur Landesausstellung über Erzherzog Johann, aber sie nahm davon Abstand, weil sie befürchtete, daß sie diese Ausstellung zu sehr ermüden würde. Sie wollte besonders gern nach Südtirol – bislang ist sich das nicht ausgegangen, wir haben es auf 1987 verschoben. Leider war es dann gesundheitlich nicht möglich.“

Kaiserin Zita war eine begeisterte Mitfahrerin im Auto, egal, wie lange die Reise dauerte. (So ließ sie sich auch regelmäßig mit dem Wagen quer durch Europa chauffieren, natürlich auch zu ihren Söhnen nach Belgien.) Die Strecke von Zizers nach Waldstein, wo die Kaiserin zumeist den Sommer von Juni/Juli bis August/September verbrachte, nahm Erzherzogin Elisabeth zumeist über Innsbruck, Salzburg und Admont.

Durch Salzburg sind sie immer durchgefahren, da hat die Kaiserin auch nie den Wunsch geäußert, unbedingt etwas besuchen zu wollen. Und so manche Einladung dorthin kam entweder gar nicht an, oder viel zu spät.

Auch Schloß Schönbrunn besuchte sie nie. Erzherzogin Elisabeth: „Jedesmal, wenn wir vorbeigefahren sind, hat sie mir gezeigt, wo sie mit Kaiser Karl gewohnt hatte."

Vor der Öffentlichkeit verborgen blieben auch die sonntäglichen Ausflüge ins Gebirge, vornehmlich auf die Gleinalm, wo die Kaiserin, gestützt auf ihre beiden Stöcke, so manche kleine Wanderung unternahm.

Ihr Tagesablauf im Schloß ihres Schwiegersohnes erfuhr im Vergleich zu jenem von Zizers keine Veränderung. Täglich besuchte sie um sechs Uhr früh die Heilige Messe, anschließend gab es ein einfaches Frühstück: den von ihr so geliebten echten Bohnenkaffee mit einer Buttersemmel, eventuell mit ein wenig Marmelade.

Danach läßt sie sich, bedingt durch die rasche Verschlechterung ihres Augenlichtes, einige Zeitungen vorlesen: österreichische Tageszeitungen, einige ausländische, darunter den Osservatore Romano, aber auch Gemeindezeitungen aus der Umgebung – und das Pfarrblatt. Nicht minder gern hörte sie Radio – vor allem die Nachrichten.

Karla Schimek kam schon als 15jähriges Mädchen in die Küchendienste von Schloß Waldstein. Seit langem ist sie dort bereits Köchin. Sie wurde der Kaiserin gleich am Tag ihres ersten Aufenthaltes im Schloß vorgestellt. Über die Speisegewohnheiten erzählte sie: „Zu Mittag bevorzugte Ihre Majestät zumeist gebundene Suppen, Grieß-, Haferflocken- oder verschiedene Gemüsesuppen. Dann gibt es Grießbrei, Rührei, Kartoffelpüree oder Karfiolpüree. Selten kommt Fleisch für sie auf den Tisch, und wenn, dann nur Huhn. Eine Lieblingsspeise von ihr sind Semmelknödel, oder Schwammerlsauce mit Semmelknödel. Früher speiste sie gern Geselchtes. Gemüse und Salate kommen ausschließlich aus dem eigenen Garten des Schlosses . . . Bei Tisch trinkt sie nur klares Wasser. Abends stelle ich Weißbrot, Grieß- oder Haferflockenbrei zusammen."

Die Speisewünsche bespricht Karla Schimek täglich mit Erzherzogin Elisabeth. Um 12 Uhr Mittag wird immer pünktlich zu Tisch gebeten, die Familie von Heinrich Prinz von und zu Liechtenstein versammelt sich dann im Speisezimmer. Familiäre Gespräche zwischen den Gängen sind an der Tagesordnung, selten spricht die Kaiserin über die Vergangenheit. Dafür ist sie an der politischen Entwicklung Österreichs sehr interessiert.

Eine Ausnahme in ihren Erinnerungen macht Kaiser Karl. Über ihn und die zahlreichen Erlebnisse mit ihm spricht sie oft. Ihr Enkel, Vinzenz Prinz von und zu Liechtenstein: „Immer wieder betont sie die Friedensmission von ihm und seine Besorgnis um seine Völker." Und manchmal bricht die politische Erinnerung durch: „Dann erklärt sie, warum der Kaiser so oder anders entschieden hat. Sie spricht auch über die Räteregierung in Ungarn, wo Tausende Men-

Die Kaiserin verweilte oft noch im stillen Gebet frühmorgens nach der Messe in der Schloßkirche von Waldstein. Nach Tisch machte sie gerne einen kleinen Spaziergang.

Neben dem Gemälde ihres so jung verstorbenen Gemahls im Salon (Waldstein).

schen hingerichtet wurden, sie spricht auch über die Restaurationsversuche, zu denen sie ja von Leo XIII. aufgefordert wurden."

Nachmittags ging Zita gern auf der schönen Holzveranda des Schlosses promenieren und diktierte die zahlreiche Postbeantwortung, da täglich auch Briefe aus Zizers nach Waldstein zugestellt wurden. Dazwischen plauderte sie gern mit den Hausangestellten und freute sich über Neuigkeiten. Natürlich kamen immer wieder Leute, die sie sehen und sprechen wollten, angemeldet und nichtangemeldet, vereinzelt und mit Bussen, Jugendgruppen, aber auch ganze Gemeinden.

Prinz Vinzenz: „Innerhalb der ersten Stunden, in denen sie zum ersten Mal in Waldstein weilte, nahm sie fünfundzwanzig Telephonate entgegen und empfing zwölf Telegramme. Man wußte sofort: Die Kaiserin war zurückgekehrt. Am ersten Samstag kamen gleich dreihundert Leute unangesagt, die der Kaiserin ihre Aufwartung machten. Meine Großmutter empfing sie und sprach sehr herzlich mit jedem von ihnen etwa zwei, drei Minuten. Man merkte, wie sie dabei auflebte." Vereinzelt kamen auch Ausländer zur Audienz, in der Hauptsache aber waren es Österreicher, die *ihre* Kaiserin sehen und sprechen wollten. Es war ihnen ein echtes Anliegen, nur wenige kamen aus Neugierde.

In Waldstein erlitt die Kaiserin erstmals schwere gesundheitliche Rückschläge. Während sie in den vergangenen Jahrzehnten zu Infusionskuren im Bayrischen weilte und sogar Bein- und Rippenbrüche hochbetagt noch mehr oder minder ignorieren konnte, brachte sie eine beidseitige Lungenentzündung

Links: mit ihrer Tochter Elisabeth und einem der Bernhardiner auf der Schloßveranda; rechts: Kinder durften immer zu ihr kommen. Hier erzählt ihr gerade Prinzessin Hedwig eine unglaubliche Geschichte . . .

Oben: zu den Besuchern auf Waldstein zählten auch Studenten der Landsmannschaften. Hier wird die Kaiserin gerade Fahnenpatin. Unten: Unaufgefordert begrüßt Prinzessin Adelheid ihre Ur-Großmutter mit Handkuß.

Die letzten Sommertage der Kaiserin auf Schloß Waldstein im Kreise der Familie.

im Juli 1988 an die Schwelle zur Ewigkeit. Damals meinte der behandelnde Arzt, daß sie die kommende Nacht kaum mehr überstehen wird können. Er gab ihr noch eine Injektion, und vom Hausgeistlichen erhielt sie die Letzte Ölung.

Tags darauf war die Kaiserin wiederhergestellt und am – unglaublichen – Weg der Gesundung. Allerdings blieb sie bettlägerig und mußte sogar die Heilige Messe von ihrer Liegestatt aus mitfeiern – so gut es halt ging. Rührend kümmerten sich zwei Pflegerinnen um sie. Die meiste Sorge bereitete sie allen dadurch, daß sie kaum mehr das Bett verließ.

Trotzdem ließ sie sich im Herbst dieses Jahres wieder nach Zizers bringen. Es sollte ihr letzter Abschied von Waldstein werden.

Meist wurde sie auf ihren Spaziergängen von
ihrer jüngsten Tochter, Prinzessin
Elisabeth, begleitet.

27. 8. 1982

Schloß Feistritz

Wo immer die Kaiserin in der Öffentlichkeit auftrat, sie war sofort Mittelpunkt – vor allem der Photographen.

An diesem Tag machte Kaiserin Zita einen Ausflug nach Schloß Feistritz am Kammersberg (Steiermark). Das hatte einen besonderen Grund: Dort war sie 1913 für einige Wochen lang zusammen mit ihrem frischvermählten Gemahl sehr glücklich. Als beide damals als neue Schloßherrschaft einzogen, bewies Erzherzog Karl einmal mehr seine Liebe zu Zita – er schenkte ihr das Gut als „Morgengabe".

Die Geschichte dieses Schlosses ist sehr vielfältig. 1343 gab es die erste urkundliche Erwähnung mit dem ersten Besitzer, dem Geschlecht der Welzer; ab 1600 gehörte es den Teufenbach; seit 1645 Hans Siegmund Freiherr von Prankh zu Pux; 1710 nannte es Pfarrer Johann Josef Morell sein Eigen; danach folgten weitere Besitzer, bis es 1850 der aus Böhmen stammende Tuchmacher-

Helene Hude überreicht der Kaiserin ein wunderschönes Blumengesteck.

sohn Johann Fritsch erwarb. Das Schloß war damals eine Ruine, der Rittersaal eine Getreidekammer.

Sein Sohn Hans verkaufte es 1907 aus einer nicht unbegründeten Angst vor drohendem Ruin an Graf Coreth von Coredo und Starkenberg. Dieser restaurierte zwar die Schloßkapelle, aber sein Verwalter schaffte das, wovor Fritsch sich fürchtete.

Am 21. März 1913 kaufte es schließlich Erzherzog Karl von einem gewissen Boto von Melk. Man hatte nun mit „Feistritz" viel vor. Einige Monate später war es soweit instandgesetzt, daß die Dorfbevölkerung am 4. Juli 1913 die neue Herrschaft besonders feierlich begrüßen konnte.

Erzherzog Karl machte sich sofort an die neue Aufgabe und ließ von Grund auf renovieren. Sein Leibdiener Josef Wischek wurde als neuer Verwalter eingesetzt.

Doch die Freude mit diesem neuen Schmuckkästchen währte nur kurz. Karl war Thronanwärter geworden, und der Erste Weltkrieg bereitete jedermann andere Sorgen, als sie Renovierungsarbeiten darstellen.

Die Jahre vergingen, und die kaiserliche Familie war bereits des Landes verwiesen, als sich Zita wieder an Feistritz erinnerte, wo sie ein stilles Familienglück erhofft hatte. Nun ordnete sie an, daß das Anwesen humanitären Zwecken zur Verfügung gestellt werden sollte.

Wieder vergingen die Jahre und die Zweckwidmungen, und nach einem deutschen Pelztierzüchter als Pächter, nach zahlreichen Überschwemmungen des Feistritzbaches sowie nach einem Gastspiel des Reichsarbeitsdienstes für Mädchen nahm das Schloß 1944 Flüchtlinge aus Ungarn und dem Burgenland auf.

Fünf Jahre später gab man das Gebäude der Kaiserwitwe offiziell „zurück", teilte ihr aber gleichzeitig mit, daß das Schloß verpachtet sei. Wenige Tage später erfolgte die Übergabe an die Caritas und die kaiserliche Verwaltung. Und seit 6. März 1950 beherbergt das Schloß eine Ausbildungsstätte für landwirtschaftliche Berufe.

32 Jahre später konnte sich Kaiserin Zita nun von der Widmung an die steirische Jugend überzeugen. Die Schulleiterin Helene Hude und ihre festlich herausgeputzten Jungbäuerinnen ließen mit Blumen und Gesang die neunzigjährige Monarchin hochleben.

In ihrer Begleitung befanden sich ihre Tochter Elisabeth und der damalige Erbprinz des Hauses Schwarzenberg, Karl. Er bat seine kaiserlichen Gäste anschließend zum Mittagstisch auf sein Schloß in Murau.

Übrigens: während des Zweiten Weltkrieges arbeitete die Kaiserin mit Anna Prinzessin von Schwarzenberg, der Schwester von Dr. Adolph Fürst von

Die Kaiserin inmitten von Schülerinnen der Landwirtschaftsschule in jenem Schloß, das einmal ihr gehörte.

Immer wieder ließen sich die Leute der Kaiserin vorstellen, erzählten von „damals“ oder suchten ganz einfach ein kleines Gespräch mit ihr. Natürlich wurde Zita auch das Schloß in seiner jetzigen Widmung gezeigt. Am meisten freute sie sich, wenn Jugend um sie herum war.

Schwarzenberg, in der amerikanischen Emigration sehr eng in karitativen Organisationen zusammen.

An dieser Stelle sei auch ein historischer Treppenwitz der steirischen Landesgeschichte vermerkt: Als vor einigen Jahren ein österreichverbanntes Mitglied des Erzhauses kurzfristig Salzburg betrat, gab es Unruhe in den Großbetrieben von Judenburg, Fohnsdorf und Zeltweg. In Knittelfeld legten sogar die Arbeiter der Austria-Emaille-Werke die Arbeit für zwei Stunden nieder und marschierten gemeinsam mit Eisenbahnerkollegen zum Gebäude der Bezirkshauptmannschaft, wo sie ihren Protest gegen diese „unerlaubte" Einreise in einem Telegramm an die Regierung formulierten und sogar mit Streik drohten. Der Volksmund nannte diese Männer damals „die letzten Kaiserjaga".

Heute, am 27. August 1982, wurde Kaiserin Zita von ihrer Tochter Elisabeth von Schloß Feistritz wieder nach Waldstein zurückgefahren – verabschiedet vom Jubel der steirischen Bevölkerung aus Feistritz und der weiteren Umgebung.

Auf dem Weg zum Mittagessen in Murau: Prinz Vinzenz, Prinzessin Elisabeth, Zita, Prinz Michael und das Fürstenpaar Karl und Therese von Schwarzenberg.

31. 8. 1982

Bertholdstein

Die Abtei St. Gabriel, Bertholdstein bei Fehring/ Steiermark.

Es war am letzten Tag im August dieses Jahres, als sich Kaiserin Zita bei den Benediktinerinnen in der Abtei St. Gabriel in Bertholdstein bei Fehring (Steiermark) durch ihre Tochter Elisabeth ansagen ließ.

Zu diesem Orden hatte Zita eine besondere Verbindung. Schon seit vielen Jahren hatte sie innigen Kontakt mit zwei Schwestern der Abtei in Solesmes. Da auch die Benediktinerinnen von Fehring in ausgezeichnetem Kontakt zu ihren Mitschwestern dorthin standen, wollte die Kaiserin auch einmal dieses österreichische Kloster besuchen.

Kurz zuvor erreichte Äbtissin Caecilia Fischer die Nachricht vom geplanten Besuch der Kaiserin. Noch heute tut es ihr leid, daß damals nicht ein einziges Photo gemacht wurde. Der Besuch ging so still und ganz privat vor sich, daß man nicht einmal in der Ortschaft davon wußte.

Zweifelsohne bedeutete der Aufenthalt von Zita in der Abtei St. Gabriel eine Sternstunde nicht nur für den Orden, sondern auch für alle etwa 35 anwesenden Schwestern. Empfangen wurde sie von der Äbtissin und den Schwestern Maria-Antonia Gräfin Glauchau und Johanna Gräfin Thun-Hohenstein. Caecilia Fischer: „Schon als sie zur Pforte hereinkam, waren wir von ihrer Einfachheit, Liebenswürdigkeit und ihrer großen Bescheidenheit tief beeindruckt. Es gab sofort einen ausgezeichneten Kontakt mit ihr. Dann erzählte sie uns bei einer echt österreichischen Jause fast zwei Stunden lang aus ihrem Leben."

Da gab es aber auch noch einen anderen Grund, warum Zita das Kloster in Fehring besuchen wollte: Es lebte dort im Kreise ihrer Mitschwestern auch Sr. Johanna Thun-Hohenstein, bereits weit über 90 Jahre alt. Sie war noch Hofdame bei der Mutter Kaiser Karls gewesen. Das Zusammentreffen der beiden hochbetagten Damen hatte eine besondere menschliche Komponente. Caecilia Fischer: „Leider hört Schwester Thun-Hohenstein trotz Hörapparat kaum mehr etwas, die Kaiserin sprach aber sehr angeregt mit ihr. So schrieb ich die Worte der Kaiserin auf, gab sie der Schwester zum Lesen, und sie antwortete mit klarem Geist sehr gut."

Natürlich war es eine mühsame Unterhaltung. Die Wiedersehensfreude von Schwester Johanna mit ihrer Kaiserin, die sie zuletzt kurz vor dem Eintritt ins Kloster noch während der Kriegstage in Baden bei Wien zusammen mit ihrem Gemahl Karl gesehen hatte, konnte man kaum ermessen. Auch Zita war von der Treue der ehemaligen Hofdame sehr berührt. Man hatte sich zwar in all den Jahren immer wieder geschrieben, daß es aber nun doch noch zu einem Wiedersehen kam, führte wohl jede der beiden auf die Gnade Gottes zurück. (Einen Monat später verstarb Schwester Johanna.)

Als man Zita eine Schwester vorstellte, die aus der Tschechoslowakei stammt, bekam die Kaiserin feuchte Augen: „Oh, das ist ein schönes Land gewesen – beten Sie für dieses arme Land!" Natürlich wurde auch über die Situation der Kirche gesprochen. Hier blieb besonders ein Satz von ihr allen in Erinnerung: „Verehren Sie und lieben Sie unseren Heiligen Vater immer mehr, er ist das kostbarste Geschenk, das Gott seiner Kirche gemacht hat."

Während der Verabschiedung meinte die Kaiserin zur Äbtissin: „Laßt uns füreinander beten!" Mit Dankesworten für den ermöglichten Besuch ging die Kaiserin genauso still, wie sie gekommen war.

1. 9. 1982 Mariazell

Das große Lebkuchenherz, das Erzherzog Karl beim Empfang im Pfarrhaus für seine Großmutter hält, sprach der Volksseele aus dem Herzen: „Mariazell dankt Ihrer Majestät für den ehrenden Besuch."

Wer immer im alten Reich herrschte – die eigentliche Herrscherin war die Muttergottes von Mariazell, ehrfurchtsvoll als „Magna Mater Austriae", aber auch „Mater Gentium Slavorum" oder „Magna Hungariae Domina" bezeichnet.

Mariazell ist anders. Mariazell ist etwas Besonderes. Zentrum der Legendenbildung, mystisch keltischen und illyrischen Ursprungs, gekrönt mit barocker Pracht, tagesaktuell für Tausende von Gläubigen. Seine Gründung wird mit 1157 angesetzt; unter besonderer Förderung des Kaiserhauses erhielt Mariazell den Charakter eines Reichsheiligtums vor allem für die österreichisch-ungarisch-böhmischen Länder.

Es ist dies auch der Wallfahrtsort, an dem Zita und Karl ihre Ehe unter den Schirm der Gottesmutter gestellt haben. Als am 10. Mai 1951 in Nancy Otto von Österreich sich mit Regina vermählte, brachte man sogar die Originalstatue aus dem steirischen Mariazell in die lothringische Stadt. Als das Brautpaar die Kirche betrat, verkündete ihnen ein Kapuzinerpater die Anwesenheit der „Magna Mater Austriae", die ihnen zum Altar vorausgetragen wurde und der Zeremonie eine besondere Weihe vermittelte.

Otto bezeichnete später einmal die Anwesenheit dieser Gnadenstatue als sein schönstes Hochzeitsgeschenk.

Zurück zum 1. September 1982: Schon in den frühen Morgenstunden waren die Zufahrtsstraßen nach Mariazell stark frequentiert; die wenigen freien Parkplätze waren bald vergeben. In und vor der Kirche hatte sich bald eine mehr als 8.000 Personen starke Menschenmenge versammelt, die diesem historischen Ereignis – der Anwesenheit von Kaiserin und Königin Zita – beiwohnen wollte.

Und wieder war es kein Autokonvoi, wie ihn vielleicht Touristen als standesgemäß erwarteten, sondern ein schlichter, kleiner Privatwagen, dem Zita vor der Wallfahrtskirche entstieg. Kaum war die Autotüre geöffnet, applaudierte die begeisterte Menge, und es erklangen Hoch-Rufe. Sofort waren ihre Enkel, die Erzherzöge Simeon und Karl zur Stelle, um sie – zusammen mit Willy Prinz von Thurn und Taxis – vor der immer näher rückenden Menschenmasse zu schützen und ihr den sicheren Weg zum Hauptportal zu garantieren. Pater Superior Weremund Hochreiter und ein kleiner Bub mit Blumenstrauß in der Hand und einem Gedicht auf den Lippen begrüßten sie am Tor.

Drinnen standen die Leute bereits Schulter an Schulter. Als die Orgel mit einem mächtigen Brausen einsetzte, war für Zita wohl einer ihrer größten Wünsche in Erfüllung gegangen. Wahrscheinlich bedeutete gerade dieses Mariazell für sie den Inbegriff des alten Reiches, des gläubigen Österreich.

In einem Interview sagte sie wenige Tage zuvor einer steirischen Zeitung: „Man kann nicht nach Österreich kommen, ohne nach Mariazell zu gehen. Als der Kaiser und ich geheiratet haben, hat er mir gleich gesagt: ‚Jetzt gehen wir nach Mariazell, um uns unter den Schutz der Muttergottes zu stellen.' Schon nach vier Tagen sind wir hingefahren. Seit dieser Zeit bis zum Weggang aus Österreich, bin ich sehr häufig dort gewesen."

Das Hochamt dauerte etwa eineinhalb Stunden. Die Predigt hielt Pater Beda von Döbrentay, gewissermaßen der Hausgeistliche der kaiserlichen Familie. Gleich zu Beginn seiner Ansprache stellte er das „Wunder" in den Raum, daß man heute und hier die Kaiserin überhaupt begrüßen durfte. (Währenddessen stiegen vereinzelt Gläubige sogar auf die wenigen Sessel, um zumindest einen Blick auf die Monarchin werfen zu können.) Pater Beda hob besonders ihre Verdienste um das Wohl des Reiches hervor, aber auch die Anerkennung,

Während der Messe in der Basilika von Mariazell (von links: Heinrich Prinz von und zu Liechtenstein, seine Gemahlin Elisabeth, Zita, Erzherzog Karl).

Links: Innig gedachte sie bei der Europa-Wallfahrt Kaiser Karls.
Rechts: Mit großer Sehnsucht empfing die Monarchin immer wieder die Kommunion (der Priester: Pater Beda von Döbrentay).

die sie und ihr Gemahl sogar bei den Sozialdemokraten gefunden hatten.

Nach der Messe betete sie kurz am Grab von Kardinal Mindszenty, ihrem treuesten Hüter der Stephanskrone.

Der Platz vor der Basilica minor war schwarz vor Menschen. Sogar in den Ästen der Bäume neben der Kirche saßen ein paar Jugendliche. Eine Heimatdichterin verfaßte extra für diesen Tag ein Gedicht, das sie der Kaiserin persönlich vortragen durfte. Darin hieß es unter anderem: „Vom Krönungsgang zum Niedergang . . . noch lebt der Traum vom Kaiserhaus . . . ganz Österreich heißt Dich willkommen . . . Du bist und bleibst die Kaiserin!“

Für viele der Organisatoren war es so etwas wie eine Erlösung, als man Zita endlich in relativer Sicherheit vor dem Ansturm der begeisterten Menge im Pfarrhaus wußte. Einem kleinen Empfang folgten die ersten Huldigungen. Während man daran ging, den Besucherstrom endlich zu unterbrechen, um ihr die Möglichkeit des Ausruhens zu geben, arbeiteten viele junge Leute von der Paneuropa-Bewegung bereits fieberhaft für das Gelingen des nächsten Programmpunktes: Auf einem kleinen Waldstück nahe Mariazell wurde am selben Nachmittag im Beisein der Kaiserin ein Europa-Wallfahrt-Ziel seiner Bestimmung übergeben.

Natürlich besuchte Zita auch die Gruft von Kardinal Mindszenty, die sich mittlerweile zu einem Wallfahrtsort der Ungarn entwickelte.

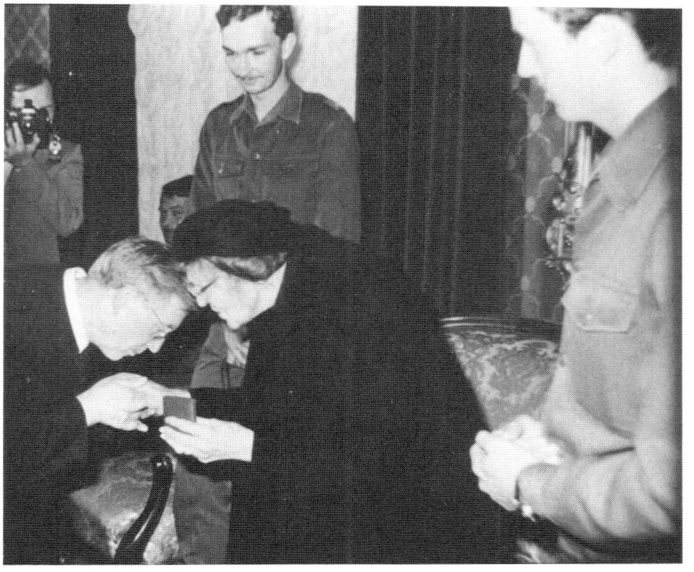

Ehrfurcht und Respekt auf beiden Seiten: Immer wieder wurde die Kaiserin mit Handkuß geehrt – auch sie tat es dem Klerus gegenüber.

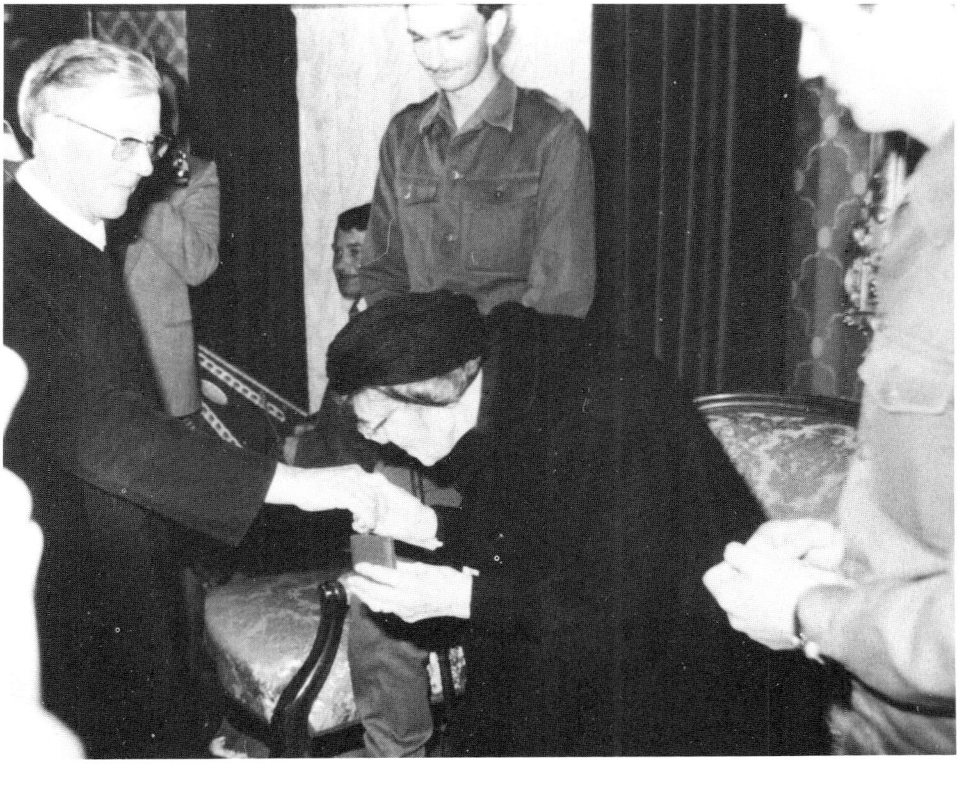

Unweit dem Wallfahrtsort Mariazell errichtete man eine Gedächtnisstätte für Kaiser Karl. Hier hatte die Paneuropa-Jugend ihren großen Auftritt.

Ihr Enkel, Erzherzog Karl, war Zita an diesem Tag gewissermaßen als Adjutant direkt zugeteilt. Er erinnert sich: „In dieser Zeit war ich mit Simeon in Salzburg eingerückt. Vinzenz rief mich im August an und fragte uns, ob wir nach Mariazell zu diesem Ereignis kommen könnten. Auf Schloß Waldstein entschied es sich erst drei Tage zuvor, ob meine Großmutter – immerhin war sie ja schon über neunzig – auch wirklich nach Mariazell kommen kann.

Durch diese kurzfristige Entscheidung wußte ich nicht so recht, was ich anziehen sollte, da ich ja den Militärdienst leistete. Ich hatte nur Jeans und T-Shirts mit und hatte nicht vor, in Uniform hinzugehen. Dann erkundigte ich mich in der Kaserne, ob das Uniformtragen für dieses Ereignis erlaubt wäre, und man sagte mir: ‚Nachdem es ja ohnehin ein Familienfest ist – warum nicht?' . . . Offen gestanden war ich von der Menschenmasse schon überrascht, als ich in Mariazell einfuhr. Viele Leute wollten von mir wissen, warum ich in Uniform komme. Man wußte nicht, daß ich meinen Militärdienst ableiste und nur für diesen einen Tag frei erhielt. Mir war die Uniform dann überhaupt nicht unangenehm. Schließlich ist sie sehr praktisch und zeigt letztlich, wozu ich stehe und was ich tue. Meine Großmutter selbst nahm mein Äußeres als selbstverständlich hin.

Wo immer auch die Kaiserin war, reisten ihr treue Tiroler nach, um ihr die Ehre zu erweisen.

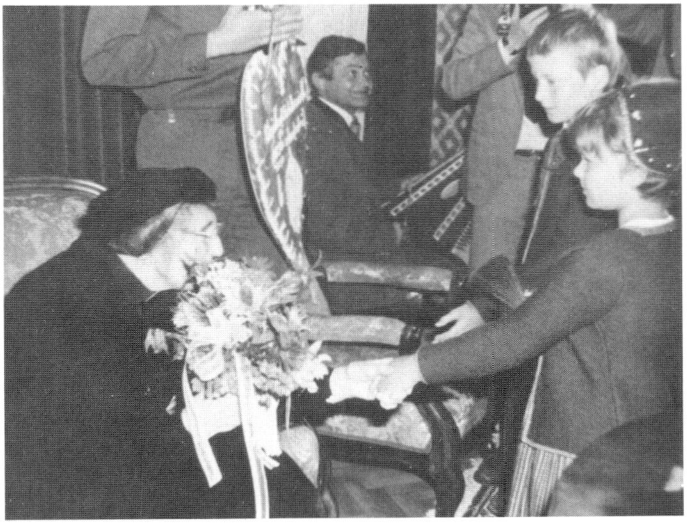

Immer wieder Blumen und Gedichte aus Kindermund.

Alle Kreise der Bevölkerung trugen der Kaiserin persönlich ihre Sorgen und Glückwünsche vor.

Auf dem Weg zum Pfarrhaus, wo sie von einer begeisterten Menge erwartet wird.
Rechts: Flankiert von ihren beiden Enkeln, den Erzherzögen Karl und Simeon, stärkt sie sich zwischen den Besucherströmen mit einem Glas Wasser.

Im Einsatz mußte ich ihr öfters die Stöcke halten, vor allem aber ihr immer wieder den Weg bahnen und die Geschenke abnehmen. Damals sah sie noch etwas besser.

Ich erinnere mich, wie in ihr nach der Messe plötzlich wieder der Politiker durchgebrochen ist: Sie ließ es nicht zu, daß ich sie wieder zum Auto bringen wollte, sondern bahnte sich selbst den Weg zuerst zur Musikgruppe und zu den Schützen, um sie persönlich zu begrüßen und ihnen zu danken.

Dieses so menschliche Verhalten an ihr hat mich sehr begeistert. In diesem Augenblick war ihr sogar der Terminplan zweitrangig. Für solche Überraschungen ist sie immer gut – gar keine Frage."

Unten: Beeindruckt und voll Freude war sie über die neu geschaffene Kaiser-Karl-Gedächtnisstätte nahe der Basilika.

Zuerst inmitten „seiner“ Studenten am Rande des Geschehens, kurz darauf Mittelpunkt der Autogrammjäger: Erzherzog Karl vor der Gedächtnisstätte für seinen Großvater.

30. 10. 1982

Maria Puchheim

Es war wohl einer der bewegendsten Augenblicke für Zita, als sie erstmals vor der Gruft ihrer Mutter stand (neben ihr: Univ.-Prof. Dr. Bruno Primetshofer und ihre Tochter, Charlotte).

Der Besuch der Wallfahrtsbasilika Maria Puchheim (Attnang-Puchheim) in Oberösterreich war für Kaiserin Zita ein langgehegter Wunsch und ein zu Herzen gehendes menschliches Erlebnis. Dort nämlich, in der Georgskirche, einem Teil der Basilika, wurde im Mai 1959 in einer kleinen Familiengruft der Bourbonen ihre Mutter, Maria Antonia, beigesetzt.

Der Wallfahrtsbasilika angeschlossen ist das Kloster und das Exerzitienheim der Redemptoristen. In unmittelbarer Nähe befindet sich das Schloß; alles zusammen ist eng mit Zitas Familie verbunden. Im vergangenen Jahrhundert war Erzherzog Maximilian von Este sein Eigentümer, Gräfin von Chambord gründete das Redemptoristenkloster und eine Schule; seit 1892 war die Anlage im Eigentum der Bourbonenfamilie. Einer der Besitzer war auch Prinz Xavier, der

Bruder der Kaiserin. Konsistorialrat Johann Beser, Pfarrer der Basilika: „Er schenkte das Schloß den Redemptoristen mit der Auflage, daß sie es selbst erhalten müssen. Darüber hinaus schenkte er uns noch Grund und eine größere Geldsumme." Prinz Xavier kam täglich in die Kirche und besuchte das Grab seiner Mutter.

Knapp ein halbes Jahr nach ihrer ersten Einreise, kurz vor Allerheiligen und Allerseelen, hatte nun auch Kaiserin Zita erstmals Gelegenheit, das Grab ihrer Mutter zu besuchen. Univ.-Prof. Bruno Primetshofer, selbst Redemptoristenpater und international anerkannter Fachmann für das Ordensrecht, wurde mit der Organisation für den Besuch betraut. Damals (1981–1984) war er auch Rektor des Klosters in Puchheim: „Ich hielt das Ganze bewußt von jeder politischen Implikation frei. Mir ging es darum, eine Frau einzuladen, die für Österreich von Bedeutung ist und die ich persönlich sehr schätze. Mir ging es auch darum, ihr den Besuch des Grabes ihrer Mutter zu ermöglichen und bei dieser Gelegenheit der Bevölkerung die Ex-Kaiserin vorzustellen." Er wollte es als Familienfest für eine Frau verstanden wissen, die es verdient, von der Bevölkerung geehrt zu werden.

Von links: Univ.-Prof. Dr. Bruno Primetshofer, Charlotte Herzogin von Mecklenburg; neben der Säule: Hélène Prinzessin von und zu Liechtenstein und Sixtus Prinz von Bourbon-Parma, neben der Kaiserin steht Konsistorialrat Johann Beser.

Tags zuvor reiste die Kaiserin in Puchheim an und nahm Quartier im Schloß ihrer Familie neben der Basilika. In ihrer Begleitung waren ihre Töchter Charlotte und Elisabeth, sowie deren Sohn Prinz Vinzenz mit seiner Gemahlin, Prinzessin Hélène, und ihren Töchtern.

Am selben Nachmittag stattete Rektor Primetshofer der Kaiserin einen Antrittsbesuch ab, er nützte aber auch die Gelegenheit, um mit ihr die Messe für den nächsten Tag zu besprechen: „Ihr einziger Wunsch war, daß der Chor die Schubertmesse singt, alles andere überließ sie mir. Denn diese Messe sei ihr noch aus ihrer früheren Zeit sehr gut in Erinnerung, als sie noch in Österreich zuhause war."

Dann sprach die Kaiserin über ihr Elternhaus, über ihre vielen Geschwister, und daß man teils in Österreich, teils in Parma wohnte. Zita: „Für Reisen haben wir immer einen Sonderzug gebraucht, nicht nur, weil wir alle zusammen so viele waren, sondern weil jedes Kind von uns auch noch seine eigene Katze oder seinen Hund mitgenommen hat!"

Konsistorialrat Beser erinnert sich an diesen denkwürdigen 30. Oktober: „Zuerst glaubten wir nicht daran, daß es ein großes Ereignis werden würde – dann war es ein unbeschreibliches Gedränge. Sogar die Freiwillige Feuerwehr mußte Ordnungsdienste leisten!"

Den Weg der Kaiserin vom Schloß zum Hauptportal der Basilika säumten Hunderte von begeisterten Menschen, eine Musikgruppe und Goldhauben-Abordnungen. Begrüßungsworte sprachen der Bezirkshauptmann Helmut Landl, Bürgermeister Franz Nöhammer und Landeshauptmann Ratzenböck.

Rektor Primetshofer: „Der Landeshauptmann vermied als Politiker die Bezeichnung Kaiserin in seiner kurzen Ansprache, er sagte einfach ‚gnädige Frau'. Ich habe sie mit Kaiserin angesprochen. Schließlich gibt es auch keinen Ex-Primar, und ein emeritierter Professor wird immer noch als Professor angesprochen."

Die Predigt hielt er in Französisch und Deutsch, da auch die Witwe von Prinz Xavier, Prinzessin Madeleine, anwesend war, die nicht Deutsch verstand. Er ließ nicht unerwähnt, daß Zita in einer schwierigen Zeit an der Seite ihres Gemahls die Landesmutter von Österreich war. In dieser Stunde, hier in Puchheim, wäre sie sicherlich dankbar für die Führung und Fügung Gottes.

„Ich dankte bei dieser Gelegenheit auch der Familie Bourbon-Parma, da ihr Bruder Xavier 1968 den Übergabevertrag an das Kloster unterfertigte und wir Redemptoristen erst durch ihn zu Eigentümern wurden."

Während sich die Priester in der Sakristei ihrer Meßgewänder entledigten, wartete in der Basilika Kaiserin Zita, im Gebet versunken. Dann holte sie der Klerus ab und geleitete sie und ihre Familie durch den Bildergang mit seinen zahlreichen Votivgaben in die Georgskirche.

Dort hatte man bereits neben der in den Boden eingelassenen Steinplatte der Gruft einen Betschemel hingerückt. Die Kaiserin kniete nieder.

Nach der innigen Andacht wurde sie in das Sprechzimmer des Klosters gelei-

Oben: Kaiserin Zita erstmals an der Gruft ihrer Mutter.
Unten: Johann Beser, Pfarrer der Wallfahrtsbasilika, zeigt jenen Platz, wo nach der Messe die Kaiserin von einer Menschenmasse förmlich belagert wurde.

tet, wo sie die zahlreichen Leute empfing, die bereits vor der Pforte dicht gedrängt auf Einlaß warteten. Viele hatten Photos mit und erhofften sich ein Autogramm, fast alle hatten den Photoapparat schon ausgepackt, viele brachten Geschenke mit. Wie etwa eine Familie vom Attersee, die einen Laib selbstgebackenes Brot im Korb hatten. Überhaupt bemerkte man viele landwirtschaftliche Gaben für die ehemalige Landesmutter.

Rektor Primetshofer: „Dieser Empfang dauerte etwas mehr als eine Stunde. Sie hat unheimlich durchgehalten, und wir mußten dann mit einigen Tricks die Leute stoppen. Schließlich wollten wir auch alle schon zu Tisch."

Dort, im ersten Stock, wartete bereits ganz aufgeregt Fräulein Pauline (Gruber), auf ihren Einsatz. Sie ist das Küchenfaktotum der Redemptoristen und lernte ursprünglich in Kalksburg die Geheimnisse der Kochkunst. Obwohl schon damals über dreißig Jahre in Puchheim im kirchlichen Dienst, braucht sie bis heute nicht nachzudenken, was bislang die schönste Aufgabe für sie war: „Daß ich für Kaiserin Zita kochen durfte!" Als sie ihr vorgestellt wurde und sich die Kaiserin für das ausgezeichnete Essen bedankte, meinte sie im Überschwang der Freude zur Kaiserin: „Kommen S' doch bald wieder!"

Während Landeshauptmann Ratzenböck sich schon vor der Tafel empfahl, nahmen am Mittagessen die Familie, der Klerus, Bezirkshauptmann Landl und

Neben der Kaiserin erhielt in der Kirche ihre Tochter Charlotte den Ehrenplatz auf einem der 100 Jahre alten Priestersitze.

Bürgermeister Nöhammer teil. Rektor Primetshofer begrüßte die Gäste noch einmal mit herzlichen Worten und sprach das Tischgebet: „Herr, segne uns und diese Gaben, die wir von Deiner Güte empfangen werden, durch Christus unseren Herrn. Amen."

Nach dem Aperitif gab es Rindsuppe mit Bisquit-Schöberl; als Vorspeise wurden Diätschinken und leichte Wurst, sowie gefüllte Eier und Käse aufgetischt. Der Hauptgang bestand aus Kalbsbraten mit Reis und Schneekartoffel, dazu gab es Bier, Wein und Wasser. Als Beilage wurden verschiedene Salate serviert. Das Angebot der Nachspeisen war einer Konditorei würdig: Bisquit-

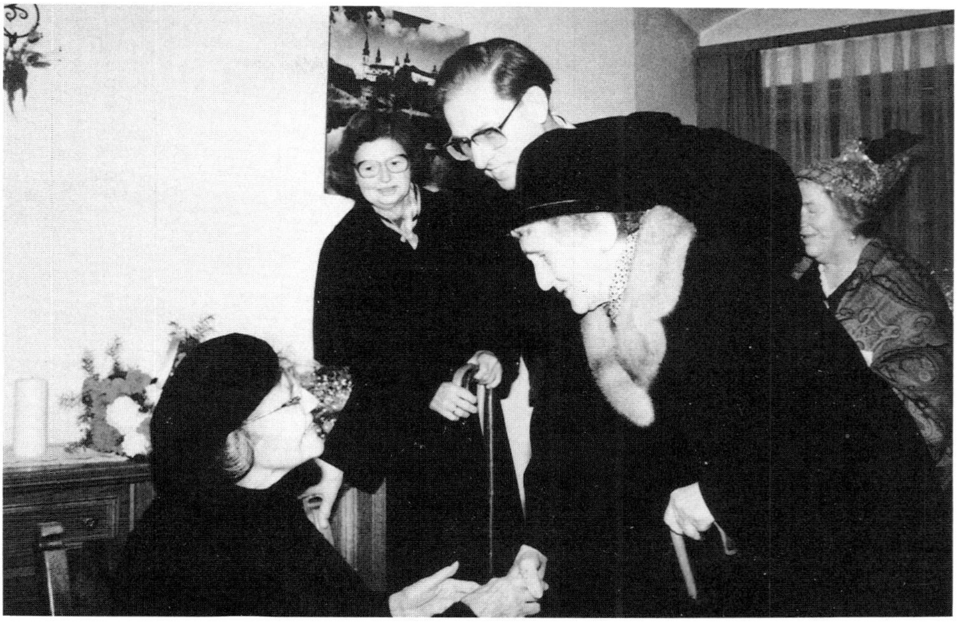

Univ.-Prof. Dr. Bruno Primetshofer stellt der Kaiserin seine 96jährige Mutter Franziska vor. Sie konnte sich noch gut an die Hochzeit mit Kaiser Karl erinnern. Unten: Landeshauptmann Josef Ratzenböck wechselt einige Begrüßungsworte.

In diesem Schloß neben der Wallfahrtsbasilika übernachteten Kaiserin Zita und ihre Begleitung; von links: Prinzessin Hélène und ihre Tochter Adelheid, Madeleine Prinzessin von Bourbon-Parma, Charlotte Herzogin von Mecklenburg, Zita, Elisabeth Prinzessin von und zu Liechtenstein und ihr Sohn Vinzenz.
Unten: Während der Festmesse in Maria Puchheim.

Büro des Landeshauptmannes
von Oberösterreich

Linz, am lo. September 1987

Klosterstraße 7, Tel. (0732) 2720/1100
DVR. 0069264

Chf.Red.Klaus Schöfecker

Bitte bei Antwortschreiben
folgende Zahl anführen

LH.Tgb.Nr.- 271/3021 /87-Schö/Schw

Herrn
Helge Reindl
"Europreß Wien"

Baumgasse 69/14
1o3o Wien

Sehr geehrter Herr Reindl!

Es tut mir aufrichtig leid, aber ich kann Ihren Wunsch nicht erfüllen. Trotz intensivster Suche in unserem Archiv konnte weder ein Film noch ein Foto von der Begegnung Landeshauptmann Dr.Ratzenböck mit Exkaiserin Zita im Oktober 1982 in Attnang-Puchheim gefunden werden. Der Fotograf von damals ist leider nicht mehr in unseren Diensten und hat über seine damalige Tätigkeit nur wenig Unterlagen hinterlassen. Als vage Möglichkeit bieten sich vielleicht die Zeitungsarchive von OÖ.Nachrichten, Neues Volksblatt oder OÖ.Rundschau an.

Es tut mir leid, daß ich Ihnen keine bessere Auskunft geben konnte und verbleibe mit freundlichen Grüßen

Ihr

Die offiziellen Stellen waren oft nicht auf Zitas Besuche „eingestellt" . . .

torten, Bisquitrouladen, Bisquitschnitten, Sachertorten, Butterteige, Schaumrollen, Windradel, Apfel im Schlafrock und Nußecken. Den Schluß machte herrlich duftender Bohnenkaffee – wohl das Lieblingsgetränk der Kaiserin.

Anschließend begleitete Rektor Primetshofer die Herrschaften noch zum Schloß, dankte für das Kommen und verabschiedete sich mit herzlichen Worten.

Er sagte mir: „Ich schätze Zita persönlich sehr, da sie eine tiefgläubige Frau ist. Ich habe die Unbill, die man den Habsburgern nach dem Ersten Weltkrieg angetan hat, nie begriffen und mißbillige sie auch heute noch. Ich habe auch nie verstanden, daß man ihr so lange die Einreise verweigerte."

Am selben Nachmittag fuhr die Familie wieder nach Schloß Waldstein zurück.

Immer in der Nähe ihrer Mutter: Erzherzogin Elisabeth, verheiratet mit Heinrich Prinz von und zu Liechtenstein.

13. 11. 1982

Wien / St. Stephan Singerstraße Festkommers

Der erste Besuch in der Kaiserstadt Wien führte Zita sofort zu einem Dankgottesdienst in den Stephansdom. Dort sprach sie ihr Gebet beim Gnadenaltar „Maria Pötsch".

Das erste öffentliche Erscheinen der Kaiserin in ihrer Residenzstadt seit ihrer Vertreibung vor genau 63 Jahren fand im Zusammenhang mit einem Dankgottesdienst im Wiener Stephansdom am Abend des 13. November statt. Schon zuvor wurde dieses Ereignis in der Presse angekündigt, was zur Folge hatte, daß sich Staatspolizei, diverse Ordnerdienste und die Organisatoren eingehend über die zu erwartende Menschenmenge Gedanken machten.

Doch alle sollten sich irren. Denn auch diesmal brach die Kaiserin alle Rekorde. Erzherzog Karl brachte es mir gegenüber vier Jahre später in einem Salzburger Hotel auf einen einfachen, verständlichen Nenner: „Es war wie im Heysel-Stadion – die Begeisterung kannte keine Grenzen." (Allerdings forderten damals in der Brüsseler Sportarena die Meinungsverschiedenheiten anläßlich eines Fußballspieles im überfüllten Stadion 37 Menschenleben. Am Stephansplatz gab es glücklicherweise nicht einmal einen Verletzten.) Die genaue Anzahl der Teilnehmer am Gottesdienst und der begeisterten Menschenmenge vor der Kirche wird wohl nie zu ermitteln sein. Die Schätzungen schwanken zwischen 10.000 und 15.000 Menschen – trotz Schlechtwetters.

Viele hatten vor der Kirche Blumengebinde in Händen, das Alte Deutschmeister-Schützenkorps und die Musik des ehemaligen Infanterieregiments Nr. 4 machten sich bereit, Rotkreuz-Wagen hatten Aufstellung bezogen. Die Wienerinnen und Wiener konnten ihrer Lieblingsbeschäftigung nachgehen: sie durften neugierig und dabei sein. Auch das Original „Waluliso" fehlte nicht; mit seinen „Republik"-Rufen ging er aber völlig unter.

Für 18 Uhr war der Beginn des Festgottesdienstes angesetzt. Die Kirche war bis auf den letzten Stehplatz gefüllt. Einige Begeisterte hatten bereits entlang des Mittelganges Transparente mit Grußbotschaften entrollt. Viele anwesende Diplomaten, unter ihnen sogar ein Vertreter der ungarischen Regierung, werden sich über vieles gewundert haben.

Dann war es soweit: gegen 17.45 Uhr fuhr die Witwe des letzten regierenden österreichischen Kaisers vor dem Hauptportal des Wiener Wahrzeichens vor und wurde von Kardinal DDr. Franz König und Mitgliedern des Domkapitels begrüßt. Dem damaligen Bezirksvorsteher der Inneren Stadt, Heinz, gelang es im Gedränge nur mit Mühe, ihr einen Strauß mit roten und weißen Nelken (den Farben der Bundeshauptstadt) zu überreichen und ihr zu sagen: „Majestät, herzlich willkommen in der alten kaiserlichen Hauptstadt!" Im Hintergrund wurde von den Deutschmeistern bereits die Kaiserhymne intoniert.

Dann geleitete sie Franz Kardinal König zum Gnadenaltar „Maria Pötsch", wo Zita einige Augenblicke lang knieend inne hielt und für die glückliche Heimkehr dankte. Dort ließ sie gleichzeitig einen Kranz mit dem Schleifenaufdruck „Der Magna Mater Österreichs, in Dankbarkeit, Zita" niederlegen.

Gestützt auf ihre beiden Stöcke bewegte sie sich dann in Richtung Hauptaltar. Ihr Weg durch das Mittelschiff glich einem Triumphzug. Spontan erhoben sich alle Anwesenden und applaudierten, vereinzelt hörte man Beifallskundgebungen. Es war, so weit ich mich erinnern kann, das erste Mal, daß im Stephansdom applaudiert wurde.

Da die Kaiserin keine eigene Sitzgelegenheit für sich wünschte, erhielt sie in

Traditionskapellen sorgten für den entsprechenden musikalischen Klang am Stephansplatz.

Sogar aus Schwarzau am Steinfeld, wo Zita geheiratet hat, kamen Verehrerinnen in den Dom.

Das Gedränge bereits am Eingang gab einen Vorgeschmack auf das, was noch kommen sollte.

Abgeschirmt von der nachrückenden Menge, wurde die Kaiserin in den Dom geleitet.

Am Gnadenaltar „Maria Pötsch" stiftete sie eine Kerze mit der Aufschrift „Der großen Mutter Österreichs in Dankbarkeit, Zita". Unten: Vinzenz Prinz von und zu Liechtenstein las zusammen mit Erzherzog Rudolf aus der Bibel.

Im großen Stephansdom gab es nicht einmal mehr einen Stehplatz – man benutzte bereits den Altarvorraum. Unten: Die Kaiserin verzichtete auf den ihr angebotenen Sonderplatz und blieb bei ihrer Familie.

der ersten Reihe inmitten ihrer Familie ihren Platz. Ihr Sohn, Erzherzog Rudolf, und ihr Enkel, Vinzenz Prinz von und zu Liechtenstein, lasen Texte aus der Heiligen Schrift.

Für den Erzbischof von Wien war es, nach seinen eigenen Worten, eine Auszeichnung, diese Messe zu lesen. Es war auch das erste Mal, daß er dies vor einem gekrönten Haupt tat. In seinen Begrüßungsworten stellte König fest: „In all den Jahren, seitdem sie 1918 ihre Heimat verlassen mußte, waren ihr Glaube und tiefe Religiösität Stütze und Halt in diesen schweren Zeiten. Ihre Worte und ihr ausgewogenes Urteil, das wir in den letzten Monaten aus den Medien erfahren haben, haben auf alle einen tiefen Eindruck gemacht."

Ich möchte an dieser Stelle gern die persönlichen Erinnerungen des Kirchenfürsten wiedergeben, wie er sie mir später erzählte: „Schon lange vor dem Abendgottesdienst war die Kirche gesteckt voll. Die Kaiserin selbst zog sehr schlicht ein, in ihrer Bescheidenheit hat sie der Ausstrahlung dieses Domes, der mit der Geschichte des Kaiserhauses historisch eng verbunden ist, zusätzlich einen Glanz verliehen, den man nicht sehen konnte, aber gespürt hatte. Es knisterte vor Erwartung, Spannung, Freude, Anteilnahme und Verbundenheit.

Der Gottesdienst selbst wurde zwar in festlicher, aber nicht pompöser Weise gehalten, also nach den einfachen liturgischen Vorschriften. Im Anschluß an die Heilige Messe hatte ich dann Gelegenheit, mit der Kaiserin in der Sakristei länger zu sprechen. Es war ein Gespräch unter vier Augen.

Damals hatte sie ihre Verletzungen, die sie sich in Brüssel durch einen Sturz zuzog, noch nicht ganz überwunden. Ihre Schmerzen ertrug sie mit unglaublicher Tapferkeit.

Für mich machte sie den Eindruck einer Dame im besten Sinne des Wortes, die alles Persönliche zurückstellt, um ganz für ihre Aufgabe, die ihr die Familie und die Geschichte übertragen haben, präsent zu sein.

Links: Dieses Bild könnte den Eindruck erwecken, daß die Kaiserin selbst das Steuer in die Hand nehmen wollte . . . in Wirklichkeit mußte sie aufgrund des Gedränges auf der Fahrerseite einsteigen und wollte dann auf den Beifahrersitz wechseln. Rechts oben: Wann hat es in Wien eine derart große Begeisterung davor oder danach gegeben?

Besonders aufgefallen war mir auch ihr großes Personengedächtnis, vor allem die Erinnerung an so viele Details, die überaus eindrucksvolle Luzidität des Bewußtseins, des Gedächtnisses, der Erinnerung. Ich habe auch ihre persönliche Situation besprochen, natürlich auch das unmittelbare Erlebnis im Stephansdom. Da hat sie gemeint, daß ihr das sehr nahe gegangen ist. Innerlich beherrscht, und doch tief erfreut.

Ich erinnere mich noch sehr deutlich an die Zeit meiner Vorbereitung für diese Messe in der Sakristei und an das Gefühl dabei, daß es ein Gottesdienst wird, der die Geschichte aus einem besonderen, lebendigen Begleitumstand mit dieser Messe verbindet – das ist eben die Verbindung der Domkirche mit dem Kaiserhaus, auch die Verbindung meiner Vorgänger im erzbischöflichen Amte von Wien, die mit dem Kaiserhaus immer eine sehr menschliche und aus der Mission heraus ganz normale Verbindung gehabt haben. Daß das also jetzt noch einmal aufleuchtet, eine Zusammenfassung erfährt gerade in diesem Gottesdienst, das brachte mich natürlich auch mitten hinein in diese Spannung. Man kann sagen, daß dieser Anlaß eine bedeutende Sternstunde für mich gewesen ist. Auch habe ich noch nie eine ähnliche Begeisterung bei einem Meßbesuch erlebt."

Kardinal König bedauerte, daß er kein Tagebuch führt. Einen Bericht über dieses Ereignis im Stephansdom gab er nicht nach Rom weiter, „da es kein unmittelbarer vatikanischer Anlaß gewesen ist, sondern ein persönlich-privater".

Aus seiner Kindheit nahm der Kardinal die Erinnerung mit, daß sich seine Eltern – einfache Leute aus dem Pielachtal – mit dem Kaiserhaus sehr verbunden gefühlt haben. Für seine Familie war das Ende der Monarchie etwas Schreckliches. „Wir fragten uns alle damals: Wie soll es weitergehen? Was bedeutet das alles für das Land?"

Von allen anderen Mitgliedern der Familie war es wieder Erzherzog Karl, der Zita aus unmittelbarer Nähe zu helfen und sie zu schützen hatte: „Das Unangenehmste beim Verlassen der Kirche war dieser Trichtereffekt beim Haupttor, weil jeder gleichzeitig das Gotteshaus verlassen wollte." Es bedurfte auch seiner Körperkräfte, der Kaiserin Platz zu verschaffen: „Es war unglaublich, jeder wollte sie berühren, ihr die Hand schütteln. Einer hatte den Einfall gehabt, ihre Stöcke als Souvenir mit nach Hause zu nehmen. Plötzlich sah ich meine Großmutter ohne Stöcke dastehen. Da sagte ich mir, daß das bei aller Freundschaft nicht geht, weil sie diese Behelfe dringend braucht. Also setzte ich kurzfristig eine grimmige Miene auf und organisierte ihr die Stöcke wieder zurück . . ."

Das Verlassen des Domes und das Einsteigen ins bereitgestellte Auto darf als Abenteuer bezeichnet werden. Zu guter Letzt starb auch noch der Motor ab, und das Vehikel mußte beiseite geschoben werden. Die Kaiserin saß zwar schon im Wagen hinter dem Volant (!), mußte aber aufgrund der technischen Panne das Fahrzeug wieder verlassen.

Mit einem anderen Auto (St 94) fuhr man dann über Umwege (Churhausgasse) ins Hotel „Royal" in die Singerstraße, das nur wenige Meter neben dem Stephansdom liegt, wo die kaiserliche Familie Stammgast ist und man auch für diesen Abend Zimmer reserviert hatte.

Irgendwie bekamen die Leute Kenntnis davon, daß die Kaiserin zum „Royal" gebracht wird, und bewegten sich ebenfalls dorthin. Das Hotel glich mittlerweile einer Festung. Niemand konnte mehr herein, niemand hinaus. Prinz Vinzenz erreichte verspätet das Hotel und wollte ebenfalls zur Familie, zu Zita. Aber die inzwischen aufgezogenen Polizisten verwehrten ihm den Eintritt. „Aber ich bin doch ihr Enkel!" rief er verzweifelt. „Das", grinste der diensthabende Beamte vielsagend, „haben in den letzten zehn Minuten schon mehrere behauptet . . ." Daraufhin versuchte es der Prinz von und zu Liechtenstein etwas nachdrücklicher und wäre beinahe verhaftet worden. Zu guter Letzt klärte sich das Mißverständnis auf, und er durfte passieren.

Während noch die Musikkapellen spielten, erklangen plötzlich Böllerschüsse in der Häuserschlucht. Die Kaiserin zeigte sich am Fenster und winkte der unüberschaubaren Menge zu. Man rief und applaudierte begeistert. Zita spürte instinktiv, daß der Beifall ihr galt, schließlich konnte sie ja gar nicht erkennen, was sich alles unter ihr, auf der Straße, abspielte. Ihr Augenlicht war schon sehr angegriffen; auf einem Auge war sie bereits blind.

Der Mann, der damals Portier im „Royal" war, Wolfgang Vogler, erinnert sich noch gut an die turbulentesten Augenblicke, die dieses Haus je erlebt hat:

„Sie war bei uns schon vor der Messe im Stephansdom, wartete auf ihre Familienmitglieder und fuhr dann zur Kirche. Nachher wurde sie wieder zu uns zurückgebracht und ging in das Zimmer 41, wo ein Familienmitglied sein Quartier hatte. Eigentlich waren wir alle selbst davon überrascht, daß plötzlich die Kaiserin zu uns kam, da wir nicht darüber informiert worden waren. Deshalb war auch niemand von der Hotelleitung zur Begrüßung da. Als dann der Wirbel am Eingang zu groß wurde, habe ich kurzentschlossen die Türe zugesperrt."

Wirbel, Auflauf, Menschenmasse – waren es wirklich unkontrollierte Zustände? Eines ist sicherlich klar: die privaten Ordnerdienste waren weder der Situation gewachsen, noch dafür geeignet. Unter ihnen befanden sich Mitglieder des Akademikerbundes, des Mittelschülerkartellverbandes und der Paneuropa-Bewegung.

Philosophisch sah Willy Prinz von Thurn und Taxis all den Auflauf: „Das Gedränge war höhere Macht!"

Erzherzog Karl, angehender Offizier des Bundesheeres, schätzte die Tätigkeit der Exekutive: „Die Polizei hat meine uneingeschränkte Hochachtung, denn sie hat auf sympathische Weise Übermenschliches geleistet. Ohne erhobenen Zeigefinger!"

Was das Sicherheitsdenken um die Person der Kaiserin betraf, meinte er: „Ich schaute natürlich immer, wo Polizisten stehen. Aber da alles von einer derartigen Sympathie getragen wurde, verschwendete ich keinen Gedanken daran, daß etwas passieren könnte."

Der damalige polizeiliche Einsatzleiter, Walter Koberger, ein Beamter der österreichischen Staatspolizei, erinnert sich, ohne viel nachdenken zu müssen, sofort: „Von der Behörde wurde die Zahl der Zuschauer und Kirchengäste mit ‚zahlreich' angenommen. Ich muß zugeben, daß wir sie selbst bei dieser vagen Definition extrem unterschätzt haben. Die Zahl der tatsächlich anwesenden Leute übertraf alle Erwartungen – wir schätzten allein rund 10.000 Begeisterte im Dom."

Das ist immerhin eine Zahl, die heute bei österreichischen Kundgebungen sehr selten ist.

Wenige Tage vor diesem abendlichen Ereignis wurde am 8. November 1982 das staatspolizeiliche Büro seitens der Paneuropaunion mit einem kurzen Schreiben von dem geplanten Gottesdienst informiert.

Walter Koberger: „Wir wußten sofort, daß es sich dabei um eine Veranstaltung handeln wird, bei der wir mit einer nicht unfriedlichen Menge rechnen mußten. Immerhin mit einer begeisterten, die aber im Sinne polizeilicher Überlegungen und Maßnahmen sensibel zu behandeln ist."

An dieser Stelle sei auf das Einfühlungsvermögen höherer Polizeibeamter hingewiesen, die sehr wohl zwischen den einzelnen „begeisterten Mengen" zu unterscheiden verstehen.

Der Akt „Gottesdienst im Stephansdom" (I-Pos 5280/VIII StB) umfaßt lediglich drei Blätter (wovon eines das Ankündigungsschreiben der Paneuropaunion ist) . . . Im Gegensatz zu anderen Besuchen von Kaiserin Zita, wie etwa in Innsbruck, gab es keine Störaktionen, es wurden auch keine angemeldet und bekannt. Lediglich ein Punkt bereitete Koberger ein gewisses Unwohlsein: „In unsere polizeiliche Taktik war ja auch der Umstand miteinzubeziehen, daß eine 90jährige Dame nicht plötzlich von uns bei Gefahr in ein Schlupfloch zu drängen ist, oder körperlich abgedeckt werden konnte . . . Sportliche Spezialleistungen, wie etwa plötzlich wegzulaufen, konnten von ihr nicht erwartet werden."

Natürlich mußte die Polizei mit allem rechnen, obwohl in der Praxis kaum etwas zu erwarten war. Das beweist bei allem Gedränge, bei aller Begeisterung und Sympathie der mehr als 10.000 Menschen, daß keine einzige Amtshandlung vorzunehmen war: „Nach der Messe kam die Begeisterung voll durch, die wir nicht erwartet hatten. Aber man wollte keine Polizeifestspiele, die aufgrund dieses Anlasses politisch hätten anders ausgelegt werden können."

Für Walter Koberger, der mit dieser gewaltigen Menschenmenge auf engsten Verhältnissen im und vor dem Stephansdom zurechtkam, was in anderen Ländern sicherlich nicht so glimpflich abgelaufen wäre, hatte der Besuch unserer Kaiserin eine spezielle Dimension: „Zusammen mit den Papstbesuchen war dies einsatzmäßig die außergewöhnlichste Aufgabe meiner Tätigkeit."

Man könnte annehmen, daß eine 90jährige Dame nach dem Festgottesdienst zu ihren Ehren mit all den aufregenden und anstrengenden Begleitumständen, die ihr eine vieltausendköpfige, an Begeisterung kaum mehr zu überbietende Menge zum Ein- und Auszug aus dem Dom angedeihen ließ, der darauffolgenden Huldigungen am Stephansplatz und in der Singerstraße (Hotel „Royal") nur mehr den Wunsch hat, nach Hause gebracht und in Ruhe gelassen zu werden. Niemand, absolut niemand, hätte ihr das verübelt.

Doch das Programm ging weiter. Nachdem man den Leuten rund um das Hotel glaubhaft machen konnte, daß die Kaiserin das Haus nicht mehr verlassen würde, zerstreute sich die Menge.

Im Festsaal des Österreichischen Gewerbevereines (Eschenbachgasse) wurden inzwischen die Lampen auf Festbeleuchtung erhellt, die Tischtücher nochmals glattgestrichen, die Mikrophonanlage zum x-ten Male überprüft und auf die x-te Frage, wann es nun denn so weit wäre, noch immer keine verbindliche Antwort gegeben.

Das 60. Stiftungsfest der K. Ö. L. Maximiliana war angesagt, und Kaiserin Zita wurde erwartet.

Ursprünglich wollte man für das Stiftungsfest Otto von Habsburg gewinnen, der dafür bereits im Frühjahr zugesagt hatte. Doch kurzfristig mußte er wegen einer Rede in Paris absagen. „Maximiliana"-Sprecher Heinrich von Schuschnigg schaltete schnell. Als er vom Aufenthalt der Kaiserin in Wien Kenntnis erhielt, lud er sie zu diesem Festkommers ein. Vinzenz Prinz von und zu Liechtenstein trug ihr persönlich diese Bitte vor, und die Kaiserin sagte umgehend zu.

Als der Erste Weltkrieg verloren war und das alte Österreich in seine Bestandteile zerfiel, „Deutsch-Österreich" auf dem besten Weg war, eine Provinz

Die Kaiserin wird von ihrem Schwiegersohn Prinz Heinrich und ihrer Schwiegertochter, Erzherzogin Anna Gabriele, zum Festkommers in die Eschenbachgasse gebracht. Bereits am Eingangstor wird sie von Studenten erwartet.

Zita wird feierlich empfangen und mit Rosen begrüßt, die Erzherzog Christoph als „Rosenkavalier" in Bereitschaft hält.

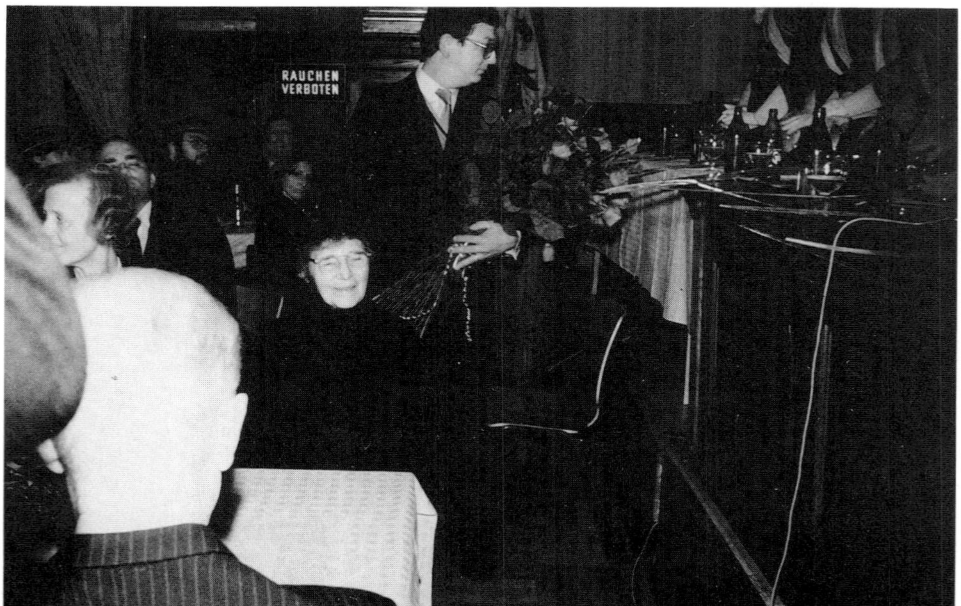

der Deutschen Republik zu werden, und Deutschtümelei hochstilisiert wurde wie kaum etwas anderes, gründete man die erste österreichische Landsmannschaft: es war die „Maximiliana“ (1922).

Ihre Mitglieder bekennen sich auch heute zur österreichischen Idee und zum Haus Österreich.

Es war auch die „Maximiliana“, die im Studentenjahr 1968 das erste Auftreten Ottos von Habsburg in Wien (Sophiensäle, 9. 12. 1968) organisierte. Und es waren auch Mitglieder dieser Landsmannschaft, die eine getreue Kopie der Muttergottesstatue in Mariazell placierten und das Original (im Rucksack über die Demarkationslinie geschmuggelt) zur Hochzeit ihres obersten Bandinhabers am 9. Mai 1951 nach Nancy brachten. (Und selbstverständlich nachher wieder zurück in die Wallfahrtsbasilika. Der Austausch ist niemandem aufgefallen.)

Regelmäßig am Jahrestag eines Stiftungsfestes wird auch „der Landesvater gestochen“. Zu Ehren der Anwesenheit von Kaiserin Zita stach man einen außerordentlichen „Landesvater“. (Zuletzt wurde ein solch „außerordentlicher“ 1964 in Pöcking in Anwesenheit von Erzherzog Otto in einem Gasthaus durchgeführt.)

Was bedeutet: einen „Landesvater stechen“? Hier handelt es sich um einen alten studentischen Brauch, der auf die Zeit Kaiser Josephs II. zurückgeht: Als der Monarch plötzlich einige Studenten auf ihrer Bude besuchte, waren die der-

maßen erfreut, daß ihr Senior vor Freude seinen Hut nahm und mit einem Säbel mittendurch stach.

Nun gab man während des Stiftungsfestes in Anwesenheit der Kaiserin wiederum der großen Freude Ausdruck, und jeder durchbohrte seinen „Deckel".

Als die Kaiserin den Saal betrat, war alles still. Zu groß war die Erwartung und die Freude, man war einfach stumm vor Glück. Gottfried Arnegger („Maxe"): „Viele hatten Freudentränen in den Augen!" Erst als Zita ihren Ehrenplatz erreichte, war der Bann gebrochen: tosender Applaus um sie herum.

Zita war sehr gerührt und bedankte sich in einer kurzen Ansprache. Vor allem wußte sie die Treue der Landsmannschafter zum Hause Österreich zu würdigen.

Mehr als vierhundert geladene Gäste zollten Ihrer Majestät daraufhin begeistert Beifall. Unter ihnen zahlreiche Mitglieder des Hauses Liechtenstein, Heinrich Fürst von Starhemberg, Karl Graf Paar, Karl Fürst von Schwarzenberg, Willy Prinz von Thurn und Taxis, zahlreiche Universitätsprofessoren, Vertreter aus Kunst und Wissenschaft, und als einziger Politiker Ing. Heinz, Bezirksvorsteher des Ersten Bezirkes.

Bundespräsident Rudolf Kirchschläger war durch das Begräbnis von Leonid Breschnew in Moskau anderweitig beschäftigt, mehrere SPÖ-Politiker, die man erwartete hatte, ließen aufgrund eines kurz zuvor gezeigten Filmes über Erzherzog Otto, in dem er sich über die Kultfigur Karl Renner ehrlich äußerte, plötzlich die Rolläden ihrer Sympathie herunter und ignorierten den Besuch der Kaiserin.

Dies tat der begeisterten Stimmung im Saal keinen Abbruch. Selbstverständlich wurde auch die Kaiserhymne gesungen. Alle erhoben sich von ihren Plätzen, lediglich Ihre Majestät blieb sitzen.

Heinrich von Schuschnigg unterstützt die Ansprache der Kaiserin mit einem Mikrophon.

Zitas Enkel Prinz Vinzenz hielt die Festansprache.

Die Festrede von Vinzenz Prinz von und zu Liechtenstein beschloß den offiziellen Teil.

Der Kunsthändler Bernhard Peithner-Lichtenfels war es, der die langstieligen roten Rosen zur Dekoration spendierte: „Die kosteten mich ein paar tausend Schilling und stammten vom Naschmarkt. Was ich nicht wußte, war, daß es im Festsaal keine einzige große Vase dafür gab. Erzherzog Christoph durfte sie der Kaiserin überreichen. Sie bedankte sich dafür, beließ die Blumen allerdings in den Händen ihres Verwandten, der dann fast zwei Stunden lang als „Rosenkavalier" nicht von der Seite der Kaiserin wich.

Zu vorgeschrittener Stunde drängte Erzherzogin Elisabeth zum Aufbruch. Aber Zita wollte noch bleiben. Da legte der Senior der Maximiliana, Erich Ossinger, eine kleine Pause ein, um eine entsprechende Verabschiedung zu ermöglichen. Trotzdem meinte er treuherzig: „Wolln's nicht noch a bissl dableibn, Majestät?" Doch Zita lächelte verständnisvoll, bedankte sich für die großartige Veranstaltung und ließ sich unter standing ovations aus dem Festsaal geleiten.

27. 11. 1982

Bregenz
Kloster Quiggen

Erzherzog Karl geleitet seine Großmutter zur Stadtpfarrkirche St. Gallus. Hinter ihnen: Landeshauptmann Herbert Keßler, Prinz Vinzenz, Erzherzogin Margherita, ihr Gemahl Erzherzog Robert und ihr Sohn Erzherzog Gerhard.

Das Besuchsprogramm war in diesem Jahr für die über neunzigjährige Kaiserin groß. Im November galt es, die Vorarlberger Landeshauptstadt zu besuchen – wie sie es schon 65 Jahre zuvor tat, allerdings unter anderen Vorzeichen. Die Eintragung ins Goldene Buch erfolgte sogar mit derselben Feder wie damals am 27. April 1917 . . .

Der Vorarlberger Heimatbund war federführend bei der Einladung an die Kaiserin, das Ländle zu besuchen. Und Zita ließ sich nicht zweimal bitten. Ihr Sohn, Erzherzog Robert, brachte sie mit seinem Wagen nach Bregenz. In ihrer Begleitung befanden sich seine Gemahlin Margherita, Erzherzogin Elisabeth und die Erzherzöge Karl, Georg und Gerhard, sowie Vinzenz Prinz von und zu Liechtenstein. Erzherzog Karl: „Wir fuhren vor unserem Termin noch eineinhalb Stunden in der Gegend herum und erklärten meiner Großmutter die Berge, die Dörfer und die Landschaft. Und jedesmal erzählte sie uns eine Geschichte dazu, wo sie schon früher mit Kaiser Karl hier war."

Um 9.45 Uhr, zehn Minuten zu früh, traf das Auto vor der Bregenzer Stadtpfarrkirche St. Gallus ein, wo bereits eine große Menschenmenge auf das Erscheinen der Kaiserin wartete. Natürlich hatte auch eine Schützenabordnung Aufstellung genommen, die vor der Monarchin präsentierte. Zusammen mit Zita schritt der Vorarlberger Landeshauptmann Herbert Keßler die Ehrenformation ab. Sowohl Keßler als auch der Präsident des einladenden Heimatbundes, Elmar Anwander, richteten kurze Grußadressen an den hohen Gast. Immer wieder durchbrachen Kinder das Spalier, um der Kaiserin die Hand zu küssen. In einem kurzen Grußwort versicherte der Bregenzer Stadtrat Franz Bernhard der Kaiserin, daß sie durch die Art, wie sie ihr schweres Schicksal meisterte, den Respekt aller Österreicher verdiene.

Die Gedenkmesse selbst wurde von Diözesanbischof Bruno Wechner zelebriert, der schon 1976 die Messe zur Silberhochzeit von Otto von Österreich in Mariazell gefeiert hatte. Diese Messe in St. Gallus galt dem Gedenken an den 66. Todestag von Kaiser Franz Joseph (sie wurde deshalb um eine Woche verschoben, weil der Bischof selbst am 21. 11. verhindert war), aber auch als Dankgottesdienst für die erfolgte Heimkehr der Kaiserin im Mai dieses Jahres.

In seiner Predigt wies Bischof Wechner im besonderen darauf hin, daß Zita das Unrecht der Verbannung ohne Groll und Rachsucht im Geist echter Opfergesinnung getragen habe und damit ein Beispiel christlicher Lebenshaltung gab, das Dank und Anerkennung verdiene. Ebenso erinnerte er sich an das 17er Jahr, als er dem Kaiserpaar als Schulbub in Bregenz zujubeln durfte, während sein Vater als Bezirkswachtmeister für die Sicherheit der allerhöchsten Herrschaften sorgte.

Als Zita die Kirche verläßt, jubeln ihr die Leute zu, und die Kaiserjäger feuern eine Salve gen Himmel. Anschließend begeben sich die Festgäste in den Pfarrsaal St. Kolumban. Dort warten bereits einige Journalisten. Aber eine Befragung ist nicht eingeplant. Wer die Kaiserin kennt, weiß, daß sie solche plötzliche Aktionen nicht mag. Doch Profis auf beiden Seiten – Ende gut, alles gut.

Zu Vorarlberg hat die Kaiserin eine besondere Beziehung. Schon als Mädchen verbrachte sie längere Zeit zusammen mit ihren Eltern auf Schloß Wartegg bei Rohrschach: „Seit dem Besuch mit Kaiser Karl im Juni 1917 hat Vorarlberg einen ganz besonderen Platz in meinem Herzen!"

Zum Empfang erschienen außer dem Bischof und dem Landeshauptmann auch Altlandeshauptmann Ilg, Nationalrat Hagspiel, Stadtrat Bernhard, Bürgermeister und SPÖ-Landesparteiobmann Mayer, Missionsdirektor Holenstein und zahlreiche andere Festgäste aus dem öffentlichen Leben der Landeshauptstadt.

Stadtarchivar Gmeiner (Mitte) und Bürgermeister Fritz Mayer zeigen der Kaiserin im Rathaus Photos von damals, als sie zusammen mit Kaiser Karl in der Stadt weilte.

Der große Augenblick ist gekommen: mit der gleichen Feder wie 1917 trägt sie sich wieder in das Goldene Buch der Stadt ein.

Eintragung ins Gästebuch von St. Kolumban.

Landeshauptmann Herbert Keßler überreichte der Kaiserin einen Bildband von Österreich. Er freue sich namens der Landesregierung, „daß Ihre Majestät, die Kaiserin, nach schweren Entbehrungen wieder unter uns weilt. Ich wünsche Ihnen von Herzen gesegnete Jahre mit Ihren Österreichern, Majestät!" Ausführlich würdigte er das habsburgische Österreich und wünschte, daß dieses Land dem Wahlspruch „Justitia regnorum fundamentum" treu bleibe.

Natürlich wurde wieder ein Gedicht vorgetragen, das verheißungsvoll endete: „Unser Versprechen aufs neu: Kaisertreu!"

Ein besonders ergreifender Augenblick war es, als ein ehemaliger Kaiserjäger sich vor der Kaiserin hinkniete und sie um ihren Segen bat. Zita zeichnete ein Kreuz auf seine Stirn.

Noch vor dem Mittagessen machte die Kaiserin einen Abstecher ins Rathaus der Landeshauptstadt, wo bereits Bürgermeister Fritz Mayer mit dem Ehrenbuch der Stadt auf sie wartete. Sie setzte ihre Unterschrift in jenes Goldene Buch, das sie und ihr Gemahl vor 65 Jahren eröffneten. Zita benutzte dabei jene Originalfeder, mit der sie auch damals unterschrieb. Um ihr das Stiegensteigen in die Amtsräume des Bürgermeisters zu ersparen, fand dieser Akt im ebenerdig gelegenen Archiv statt.

Und auch in Bregenz gab es einen schnellen Reporter. Erzherzog Karl: „Als sie bereits im Auto saß, kam ein Journalist auf sie zu und stellte gleich ein paar Fragen. Sie hat sofort losgelegt und sprach etwa zehn Minuten mit ihm – aus dem Auto heraus."

Blumen und Grüße aus dem Bregenzerwald überbringen die beiden Kinder in Lingenauer Tracht.

Eine stramme Meldung vor der St. Gallus-Kirche . . . fast wie vor 65 Jahren.

Im Kloster Quiggen, ein paar Autominuten von Bregenz entfernt, baten dann Zisterzienserinnen die kaiserlichen Herrschaften zu Tisch. Äbtissin Fabianek betonte in ihren Grußworten ebenfalls die bewundernswerte christliche

Lebenshaltung der Kaiserin. Und ein Urenkel Kaiser Franz Josephs, Graf Waldburg-Zeil von Hohenems, brachte schließlich einen Toast auf seine Tante, die Kaiserin, aus. Sowohl Äbtissin als auch Bürgermeister Rauch sorgten sich persönlich um das Wohl der Gäste.

Der Mittagstisch im Kloster Quiggen der Zisterzienserinnen. Äbtissin Fabianek heißt Kaiserin Zita herzlich willkommen und bittet sie um Eintragung ins Gästebuch.

22. 5. 1983

Wien/Heldenplatz (Sudetendeutscher Tag)

Gewissermaßen als Vertriebene unter Vertriebenen saß Zita beim Sudentendeutschen Tag am Heldenplatz in der ersten Reihe. Allerdings mit einem Unterschied: sie durfte mittlerweile wieder in die Heimat zurück.

Eine Großveranstaltung der Sonderklasse war die Teilnahme der Kaiserin am Sudetendeutschen Tag in Wien, der am Heldenplatz in Szene ging. Sie selbst, mehr als sechs Jahrzehnte heimatvertrieben, galt als leuchtendes Vorbild der Unbeugsamkeit und gleichzeitig der Versöhnung.

Es war auch das einzige Mal in der österreichischen Öffentlichkeit, daß an diesem Tag die Kaiserin und ihr erstgeborener Sohn, Erzherzog Otto, zusammen auftraten.

Neben ihnen nahmen der regierende Fürst von und zu Liechtenstein Platz, sowie zahlreiche Erzherzöge, zum Teil mit ihren Gemahlinnen, und viele Vertreter der Aristokratie Österreichs. Etwa 120.000 Menschen besuchten diese Großveranstaltung. Mit dabei waren auch viele Nachfahren jener Österreicher, die seinerzeit aus den ehemaligen Kronländern vertrieben worden waren. Diese Söhne und Töchter ehemaliger Österreicher kamen sogar aus Kanada und den USA angereist.

Die Kaiserin war bereits tags zuvor nach Wien gereist, wo sie Quartier im Benediktushaus des Schottenstiftes nahm. Inmitten vieler anderer prominenter Schüler haben hier schon Kaiser Karl (Privatist in Physik und Chemie) und Victor Adler die Schulbank gedrückt.

Die Freude unter den Benediktiner-Brüdern über ihre Anwesenheit war entsprechend groß. Täglich erhielt sie frische Blumen aufs Zimmer. Besonders stolz ist man heute noch darauf, daß man damals ihr Incognito derart wahren konnte, daß niemand über ihren Aufenthaltsort informiert war und sie vor allem vor lästigen Pressephotographen geschützt werden konnte.

Gastmeister des Benediktushauses ist der ehemalige Direktor des Schottengymnasiums, Pater Sigismund M. Pawlowsky OSB. Er erinnert sich noch genau an diesen allerhöchsten Besuch: „Jeden Tag in der Früh besuchte sie die Heilige Messe in der Trauungskapelle. Dort, wo auch Michael Prinz von Kent und seine Gemahlin Marie-Christine 1978 ihre ‚stille Messe‘ feierten. Besonders bemühten sich unsere Benediktinerinnen um gute Speisen für die Kaiserin. Ihr Wunsch war zumeist ‚Mehlspeisen‘. Sie speiste im Raum neben unserem Sekretariat. Wir ließen ihr Kaiserschmarrn, Grießkoch, Strudel, Palatschinken und diverse Aufläufe aus Grieß und Reis servieren.“

Mit berechtigtem Stolz präsentiert P. Sigismund M. Pawlowsky OSB das Gästebuch mit der persönlichen Eintragung der Kaiserin.

Sogar ins Gästebuch trug sie sich ein – bat aber ausdrücklich darum, es verschlossen aufzubewahren. „Sie wollte nicht, daß es öffentlich aufliegt und jedermann Einsicht nehmen konnte." Am zweiten Tag ihrer Anwesenheit gaben sich zahlreiche Familienmitglieder bei ihr die Ehre; auch ihre Eintragungen findet man im Gästebuch: Otto von Österreich, Vinzenz Prinz von und zu Liechtenstein, Hélène Prinzessin von und zu Liechtenstein, Marie Baronin von Plappart-Formi, die Erzherzöge Carl Christian, Karl, Rudolf, Anton, sowie die Erzherzoginnen Marie-Astrid, Alexandra, Constanza und Marie-Helene.

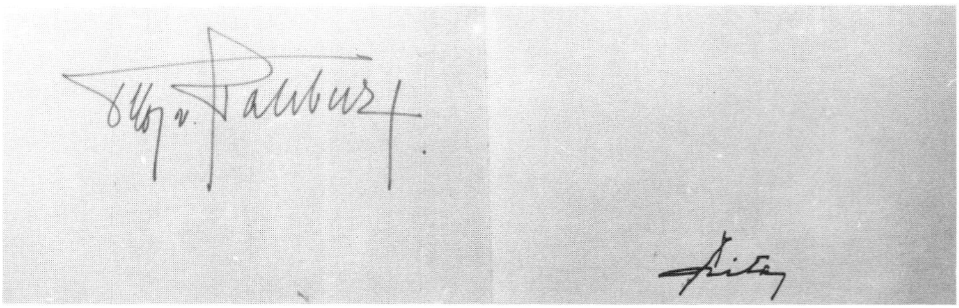

Es war Johanna Gabriele Freifrau von Etthofen vorbehalten, gewissermaßen als Ehrendame für die Kaiserin auserwählt worden zu sein. Sie begleitete (und umsorgte) die Kaiserin während ihres Besuchsprogrammes in Wien und in Niederösterreich am darauffolgenden Tag.

„Um 8.30 Uhr bin ich zu ihr befohlen worden, und eine Dame des Schottenstiftes führte mich dann zur Kaiserin. Sie saß im Raum, flankiert von ihren Enkeln Karl und Georg, sowie Prinz Vinzenz und seiner Gemahlin Prinzessin Hélène. Nach meinem Hofknicks forderte sie mich auf, Platz zu nehmen und ein bißchen aus meinem Leben zu erzählen."

Als Zita vernahm, daß ihre Ehrendame aus Friedek-Mistek an der mährisch-schlesischen Grenze stammt, überraschte sie Johanna Gabriele von Etthofen. „Sie sagte, sie kenne es, da sie es zusammen mit ihrem Gemahl während einer Reise einmal besuchte und dort sogar übernachtete. Sie erinnere sich genau an diese reizende Stadt mit dem herrlichen Ausblick vom Schloß!"

Dann drängte die Zeit, und man fuhr mit dem Wagen zum Heldenplatz. „Ich nahm vorn Platz, und wir fuhren mit ständigem Blick auf die Uhr, da die Kaiserin großen Wert darauf legte, auf die Minute pünktlich zu sein. Wir nahmen die Strecke über die Löwelstraße. Oft fragte sie mich nach den Gebäuden. Manchmal sahen die Menschen zum Auto herein, weil sie vermuteten, daß wir die Kaiserin fahren würden." Natürlich war J. G. v. Etthofen sehr aufgeregt. „Aber die Kaiserin ist mir so nobel entgegengekommen, daß ich meine anfängliche Scheu bald verloren habe." (Ihre Mutter war eine russische Aristokratin, ihr Vater ein begeisterter Offizier, der bis zu seinem Tod darunter litt, daß die Monarchie 1918 zusammenbrach.)

Während das Auto in der Hofburg wartete, ging die Kaiserin zu Fuß mit ihrem Enkel Karl zu ihrem Platz.

Eine besonders herzliche Begrüßung zwischen Zita und Franz Josef Fürst von und zu Liechtenstein.

Das erste und letzte Mal gemeinsam in Österreich in der Öffentlichkeit: Zita und ihr erstgeborener Sohn Otto.

Am Heldenplatz wurde für Zita ein kleiner Lehnstuhl bereitgestellt, nachdem es mit dem ursprünglich vorgesehenen Betschemel nicht geklappt hatte. Nikolaus Peter Baron von Etthofen, der sich darum kümmern wollte, führt dies einerseits darauf zurück, daß es niemanden gab, der ihn am Sonntag aus dem Augustinerkloster herbeigeschafft hätte, zum anderen gab es einige Amtsträger in der Verwaltung, die einfach nicht wollten, daß an so einer exponierten Stelle ein Betschemel stehe.

Die Messe unter freiem Himmel vermittelte allen Anwesenden etwas Einmaliges. Die Predigt von Erzbischof Jachym für viele auch. Baron von Etthofen: „Er hat so toll gesprochen, wie ein legitimistischer Funktionär. Es war rührend!“

Nach der Messe gab es wieder ein großes Gedränge um die Kaiserin. Sie wollte zwar noch bleiben und mit den Abordnungen der Sudetendeutschen sprechen, aber die Familie drängte auf eine Rückkehr ins Benediktushaus mit dem Hinweis, daß sie ein weiteres Verweilen zu sehr ermüden würde.

Bischof Jachym mit großer Assistenz auf dem Weg zum Pontifikalgottesdienst.

Sudetendeutsche aus vielen Teilen der Monarchie trafen sich am Heldenplatz – ihnen voran: Kaiserin und Königin Zita.

23. 5. 1983

Kleinschweinbarth
Niedersulz
Kaisergruft

Mit zwei Wagen fuhr man an diesem Tag um 9 Uhr früh vom Benediktushaus des Schottenstiftes mit Kaiserin Zita nach Niederösterreich. Einige Programmpunkte mit mehreren „offiziellen" Aufgaben für die Kaiserin standen auf dem Plan.

Johanna Gabriele Freifrau von Etthofen: „Diesmal saß sie vorn, aus Rücksicht auf mich, damit ich mich bei Erklärungen nicht dauernd umdrehen. Bei mir rückwärts saßen Erzherzog Karl und Baronin Plappart. Im zweiten Wagen fuhren Erzherzog Georg, Erzherzogin Constanze und Prinz Vinzenz."

Man fuhr zuerst durch die Brünner Straße stadtauswärts, und die Kaiserin zeigte reges Interesse an der Umgebung: „Sie dürfen nicht vergessen, daß ich so lange nicht in der Heimat war. Es interessiert mich alles, wie es hier ist. Beschreiben Sie mir auch, wie es aussieht, denn ich sehe nicht mehr so gut. Und wenn Sie wissen, daß hier eine bekannte Firma ist, oder zum Beispiel ein Heuriger, was halt ein bißchen markanter ist, dann sagen Sie es mir, bitte!"

Etwas zu früh kam man an diesem sehr warmen Tag nach Kleinschweinbarth, hart an der österreichisch-tschechischen Grenze. Dort gibt es in unmittelbarer Nähe eine Gedenkstätte an jene unglücklichen Flüchtlinge, die von den tschechischen Soldaten 1945 bis auf dieses österreichische Gebiet verfolgt und dort in einer Mulde niedergemetzelt wurden. Oberhalb des Gedenksteines wurde das „Südmährerkreuz" errichtet.

Da man noch Zeit hatte, fuhren die beiden Autos unter einen schattenspendenden Baum, und Freifrau von Etthofen mußte wieder von Friedek-Mistek erzählen. Oftmals griff die Kaiserin nach der Uhr, da sie auf die Minute pünktlich sein wollte – wie es immer ihre Gewohnheit ist. Sie benutzte eine besondere Uhr: da sie das Zifferblatt nur schwer erkennen konnte, hörte (!) sie auf ihr kleines Wunderwerk der Technik. Sie hatte eine „sprechende Uhr", die ihr mit gewissen Signalen die genaue Zeit durchgeben konnte.

Die Fahrt durch Kleinschweinbarth zum Gedenkplatz glich einer Fahrt im

Links: Direkt unter dem Südmährerkreuz, in einer Bodenmulde mit tragischer Vergangenheit, nahm Zita an einer Gedächtnismesse teil. Unten: Neben der Kaiserin stehen Baronin Plappart und J. G. Freifrau von Etthofen.

Menschenkonvoi . . . Tausende Leute hatten sich bereits dort eingefunden bzw. waren auf dem Weg dorthin. Eine ältere Dame faßte sich ein Herz, ging auf das im Schrittempo fahrende Auto der Kaiserin zu, beugte sich durchs Fenster und verkündete treuherzig: „Frau Kaiserin, ich heiße auch Zita!“ Die Antwort aus dem Wageninneren kam prompt: „Das freut mich aber sehr, daß es noch ein zweite Zita gibt!“

In der Mulde, unterhalb des Felsens mit dem „Südmährerkreuz“, wurde ein Festgottesdienst zelebriert. Monsignore Koch hatte sich für diesen Anlaß um den ersehnten Betschemel gekümmert. Als junger Priester war er selbst bei den Flüchtlingen von 1945 mit dabei.

Nach der Heiligen Messe sprach Zita wieder mit zahlreichen Menschen; und noch aus dem offenen Fenster des Wagens heraus schüttelte sie viele Hände, die sich ihr entgegenstreckten.

Inzwischen kümmerten sich Nikolaus Peter Baron von Etthofen und seine Tochter Elisabeth Andrea um verschiedene organisatorische Belange vor Ort: Im Pfarrhof von Niedersulz lud der Hausherr, Monsignore Koch, zu Tisch. Um 13 Uhr sollte serviert werden. Majestät und ihre Begleitung waren wieder einmal auf die Minute pünktlich. Wer sich um eine Dreiviertelstunde verspätete, war Msgr. Koch, da er in Kleinschweinbarth noch einige Verpflichtungen hatte.

Da Baron von Etthofen entschied, daß man eine Majestät nicht warten lassen kann, wurde die Tafel eröffnet. Das Menü war von der Kaiserin erbeten: Nudelsuppe, Kalbsbraten mit Kartoffeln, Reis und Gemüse. Zu trinken gab es Rot- und Weißwein, als Dessert zwei verschiedene Torten. Wer wollte, bekam auch einen Rindsbraten. Für die Zubereitung sorgten vier ehrenamtliche Köchinnen.

Das Tischgespräch kreiste immer wieder um die Begeisterung der Kaiserin, wieder in der Heimat sein zu dürfen. In diesem Zusammenhang sprach sie vom italienischen König: „Mit König Umberto habe ich jedes Jahr zu Weihnachten korrespondiert. Das war eine Tradition, daß wir uns zu diesem Anlaß Billets mit netten Gedanken schrieben. Ich habe ihn sehr geschätzt, und es hat mich sehr berührt, daß der italienische König nicht einmal in der Heimaterde begraben liegt.“

Natürlich besprach man auch die allgemeine Situation in der Welt und wie sich alles in den vergangenen Jahrzehnten verändert hatte. Aber es war nicht einfach mit der Konversation, da man der Kaiserin beim Zubereiten am Teller helfen mußte.

Schließlich kam Monsignore Koch und aß schnell nach. Als die Tafel aufgehoben wurde, verkündete er feierlich: „Majestät, ab dem heutigen Tag ist dieser Raum in meinem Pfarrhof jetzt das Kaiserzimmer!“

In einem separaten Zimmer, in Anwesenheit von Baronin Plappart, ruhte sich Zita in einem Stuhl ein wenig aus.

Noch im Pfarrhof bat die Kaiserin, daß man ihr die Köchinnen vorstellen solle: „Wo sind die Leute, die so gut gekocht haben? Ich möchte mich bei ihnen

Auch Landeshauptmann Siegfried Ludwig (rechts), selbst vom Gebiet der heutigen Tschechoslowakei gebürtig, nahm an der Veranstaltung teil. Hier begrüßt er – nicht ganz protokollgemäß – Baronin Plappart. Dahinter: Erzherzogin Constanze, Erzherzog Georg und J. G. Freifrau von Etthofen.

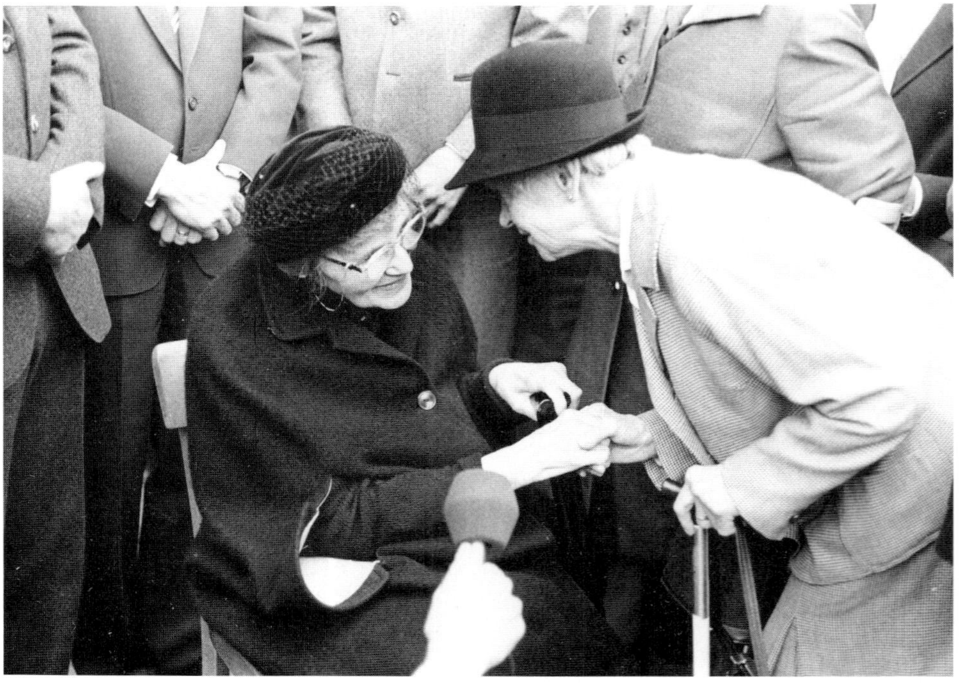

Und immer wieder: sehr menschliche Szenen einfacher Leute, wenn sie mit der Kaiserin zusammentreffen.

bedanken!“ Alle vier Damen wurden daraufhin aus der Küche zur Kaiserin gebracht, die jeder die Hand gab.

Begeistert zeigte ihr Monsignore Koch noch ein Bild an der Wand, das seine südmährische Heimat zeigte. Zita war wieder einmal zuvorkommend: „Lieber Monsignore, ich bin so froh, daß es hier hängt, aber ich kann es so schlecht sehen . . .“

Eine Stunde später machte man sich auf den Weg zum „Südmährerhof“, wo sie eine Linde pflanzen mußte.

Erst ein Jahr zuvor wurde dieser Südmährerhof, der zu einem Museum ausgebaut worden ist, wiederhergestellt. Natürlich wartete auch dort bereits eine große Menschenmenge auf das Eintreffen der Kaiserin. Nach kurzen Ansprachen spielte eine kleine Musikgruppe das Robert Stolz-Lied „Vor meinem Vaterhaus steht eine Linde“. Dann pflanzte die Kaiserin symbolisch den bereits mitten im Hof eingesetzten jungen Lindenbaum, indem sie Erde auf die noch freiliegenden Wurzeln warf und sie begoß. Zur allgemeinen Überraschung sprach sie zu den Anwesenden dann selbst einige Worte: Vor allem sei sie glücklich, wieder inmitten ihrer Sudetendeutschen und Südmährer sein zu können. Danach trat sie – reich beschenkt von der Bevölkerung – die Heimreise an. Besonders freute sich Zita über ein kleines Biedermeiersträußchen, das ihr von einer unbekannten Niederösterreicherin überreicht worden war. Sie hielt es die ganze Fahrt über in der Hand . . .

Das nächste Ziel wurde absichtlich geheimgehalten: Es war die Kaisergruft bei den Kapuzinern in Wien. Der Wunsch, die Begräbnisstätte ihrer Vorfahren zu besuchen, ging von der Kaiserin aus. Mittlerweile hatte es stark zu regnen begonnen.

Es war ergreifend, als die Kaiserin unerkannt von den links und rechts an ihr vorbeiziehenden Menschen in die Gruft ging. Da es sehr eng war und die

Peter Lutz (Internat. Robert Stolz Club Österreich) half der Kaiserin beim symbolischen Pflanzen der Linde.

Ankunft im Südmährerhof, wo Zita eine Linde pflanzte. Zuvor spielte man „Vor meinem Vaterhaus steht eine Linde“.

Treppe hinunter nur zwei Personen nebeneinander zuließ, erbot sich ein Kapuzinerpater, sie zu stützen.

Zuerst wurde sie zu einem kleinen Altar in der Gruft geführt, vor dem sie einige Minuten still betete. Dann ging sie zur Büste von Kaiser Karl, vor der sie ebenfalls in Verinnerlichung verweilte und legte dann bei dieser Erinnerungsstätte an den Toten von Madeira ihr Biedermeiersträußchen nieder.

„Wir alle sahen, daß die Kaiserin sehr ergriffen war", erinnert sich Freifrau von Etthofen. „Sie sagte zu uns: ‚Jetzt möchte ich noch zum letzten Kaiser gehen und zur letzten Kaiserin.' Nachdenklich stand sie längere Zeit nicht nur vor den Sarkophagen Elisabeths und Franz Josephs, sondern auch vor dem Rudolfs. Man spürte, daß sie nachdachte . . ."

Dann wollte sie der Kapuzinerpater weiter durch die Gruft führen, aber die Kaiserin lehnte dankend ab: „Das geht leider nicht, weil ich schon bei den Schotten erwartet werde." Nach dem Erklimmen der steilen Treppe verweilte man noch einige Minuten in der Sakristei und sprach über Marco d'Aviano. Als man sie bat, sich doch noch ins Gästebuch einzutragen, meinte sie: „Nein, ich unterschreibe nicht – das sollen meine Enkel machen." Im Hof des Kapuzinerklosters stand bereits das Auto, das die Kaiserin zurück zum Schottenstift brachte.

28. 5. 1983

Tulfes

Die Tiroler haben immer gewußt, wie man die Kaiserin gebührend zu empfangen hat. Gerade sie haben eine besondere Nähe zum kaiserlichen Haus.

Fast genau ein Jahr später besuchte Kaiserin Zita wieder das Grab ihrer Tochter im Tiroler Tulfes. Diesmal allerdings war es nicht ein Kurzbesuch, sondern ein vorbereitetes Programm am Vorabend ihres ersehnten Innsbruck-Aufenthaltes.

Die Organisation für beide Veranstaltungen hatte die Paneuropa-Bewegung (Landesgruppe Tirol) inne. Im besonderen spielte hier das Team Erzherzog Lorenz und Dietmar Kecht eine großartige Rolle; ein offizieller Staatsbesuch hätte nicht besser organisiert sein können.

Tulfes geriet an diesem Nachmittag gegen 16 Uhr „aus dem Häuschen". Bereits eine Stunde zuvor machte sich der erste Autokonvoi mit Mitgliedern der Paneuropa-Bewegung von Innsbruck aus auf den Weg. Herrschte all die Tage zuvor Schlechtwetter, so brach an diesem vorgerückten Nachmittag ein richtiges Kaiserwetter voll durch.

Um 15.55 Uhr war dann der ersehnte Augenblick da: Mit einem glücklichen Lächeln auf ihrem Gesicht entstieg Zita dem Wagen von Erzherzog Lorenz und

war sofort von einem dichten Spalier umringt. Die knapp tausend Seelen große Gemeinde jubelte ihr zu. Bürgermeister Wegmair und Bezirkshauptmann Sterzinger überbrachten die ersten Willkommensgrüße, während im Hintergrund die Schützen einen Salut von 21 Schüssen in den Himmel jagten.

Spätestens in diesem Augenblick hatte Erzherzog Karl wieder alle Hände voll zu tun, um die Begeisterung der Menge so gut es halt ging von seiner Großmutter fernzuhalten. Menschen knieten vor ihr spontan nieder und küßten ihr die Hand; immer wieder überreichte man ihr Briefumschläge, in denen sich alte Photos befanden, die das Kaiserpaar irgendwo irgendwann zeigte. Man wollte mit diesen Gaben zum Ausdruck bringen, daß man all die Jahrzehnte nicht auf sie vergessen habe und die Begeisterung sich offensichtlich von den Eltern auch auf die Töchter und Söhne übertragen hatte.

In Tulfes – wie vielerorts in Tirol – lebte die Tradition, und hinter jeder Häuserecke entdeckt man eine Familiengeschichte, die von Heimatliebe und Kaisertreue zeugt. Nahezu unerkannt stand auch der 81jährige pensionierte Totengräber Josef Arnold im Spalier. Er hatte 1971 ihre Tochter, Erzherzogin Adelhaid, beigesetzt. Noch heute schmerzt es ihn, daß „zwar viele Leut' dabei gewesen waren, nicht aber ihre eigene Mutter . . .“

Nun ging man zur kleinen Kirche, wo Zita bereits vom Pfarrer und den Mini-

Hinter einer strahlend lächelnden Kaiserin: Erzherzog Georg und Carl Christian mit seiner Gemahlin Marie-Astrid. Darunter: Auf das Grab ihrer Tochter Adelhaid läßt Zita durch ihren Enkel Karl ein Bukett legen.

stranten erwartet wurde. Die Messe in dieser Dorfkirche hatte einen besonderen, familiären Charakter. Zwar war die Pfarrkirche noch eingerüstet, doch tat dies dem feierlichen Gesamtbild absolut keinen Abbruch. Zum Schluß spielte der Organist die alte Kaiserhymne, und viele wollen gesehen haben, daß Zita dabei sehr wohl die Lippen zum Text bewegte.

Das Grab ihrer Tochter hatte man für diesen festlichen Anlaß schon zuvor mit Blumen, vor allem mit Flieder, geschmückt. Die Kaiserin ging nach der Messe sofort dorthin und hielt eine kurze Andacht.

Dann, zurückgekehrt zum Hauptplatz, gehörte sie wieder ihren Tulfern. Die Schützen präsentierten, Kommandos ertönten, die Musik spielte aus allen Rohren. Die Tiroler wußten diesen „allerhöchsten" Besuch entsprechend zu feiern. Währenddessen ging Erzherzog Lorenz durch die Reihen der Schützen und Musikanten und verteilte an sie Plaketten der Paneuropa-Bewegung.

Die Kaiserin hatte bereits am Hauptplatz in einem Stuhl Platz genommen und empfing die Huldigungen der dicht gedrängten Menschenmenge. Natürlich hielt auch der Bürgermeister seine Rede und stellte ihr Abordnungen und Ehrengäste vor.

Um 18 Uhr verabschiedete sich die Kaiserin von Tulfes und ließ sich wieder nach Innsbruck bringen.

Viele Mitglieder ihrer Familie gingen um 19.45 Uhr noch ins Innsbrucker Kongreßhaus, wo die Kaiserjäger ein Konzert gaben.

Diese Bilder sind austauschbar; wo immer die Kaiserin hinkam, begeisterte sie die Menge – und die Menschen waren von ihrer Einfachheit und Herzlichkeit selbst begeistert.
Unten: Mitglieder der Familie besuchten das Konzert der Kaiserjäger im Innsbrucker Kongreßhaus.

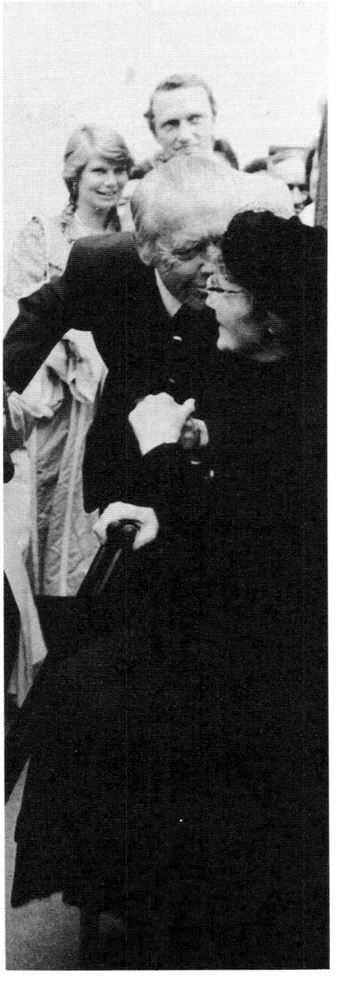

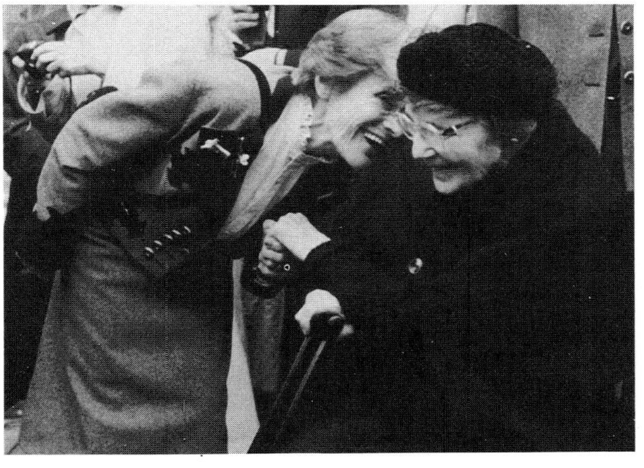

29. 5. 1983

Innsbruck Bergisel

Zita wird von Bürgermeister Alois Lugger und Landeshauptmann Eduard Wallnöfer in die Stiftsbasilika Wilten geleitet.

Es wäre gar nicht einmal so verfehlt gewesen, hätte man die Tiroler Landeshauptstadt an diesem Tag zur „Kaiserstadt" erklärt. Denn Zita war hier, und sie war schon seit Tagen das Thema der Innsbrucker. Sie wurde mit großer Begeisterung von der Bevölkerung erwartet; die Familie Habsburg und das Land Tirol – eine geschichtlich engere Verknüpfung kann es gar nicht geben. Und sogar aus Europas westlichstem Punkt, aus Finisterre in Frankreich, kam ein Bus mit Franzosen nur wegen der Kaiserin nach Innsbruck.

Die Einladung zum Besuch hatte Landeshauptmann Eduard Wallnöfer lange zuvor schon bei der kaiserlichen Familie deponiert. Jedermann dachte sofort an große Veranstaltungen und würdige Feiern. Lediglich der Protokollchef wollte alles etwas reduziert wissen, wenn schon die Durchführung in aller Unauffälligkeit nicht möglich war. Dietmar Kecht: „Der Landeshauptmann hat sich dann Gott sei Dank doch durchgesetzt!“

Besonders ihr Enkel Erzherzog Lorenz setzte sich für ein entsprechendes Programm ein: „Da gab es einige Politiker, die sich auf Kosten meiner Großmutter profilieren wollten, man hat auch von einigen Seiten gebremst, ja, es fanden sich sogar Drohbriefe in der Post. Ich hörte, daß einige Politiker vor irgendetwas Unvorhergesehenem Angst hätten. Um nun klare Verhältnisse zu schaffen, wandte ich mich an den Landeshauptmann und führte mit ihm ein offenes Gespräch.“

Man soll Historikern nicht vorgreifen. Aber es kann gesagt werden, daß die Zeit reif war für die Rückkehr der Kaiserin. Erzherzog Lorenz: „Überall, wo sie hinkam, bestand sie auf einer Danksagungsmesse für Gottes Vorsehung. Überall in Österreich dankte sie für das ihr zuteil gewordene Glück. Eigentlich war das so etwas wie eine Pilgerfahrt von ihr . . ., deshalb lief auch alles ‚apostolisch‘ ab.“

Diesmal war der erste Programmpunkt der Besuch der Stiftsbasilika Wilten. Wieder hatten Musikgruppen und Schützenabteilungen Aufstellung genommen, um Zita einen würdigen Empfang zu bereiten. Auch in Innsbruck war die Menschenmenge unüberschaubar. Der Vorplatz der Kirche glich einem bunten Farbfleck durch die starken Fahnenabordnungen der Paneuropa-Jugend.

Gleich nach der Ankunft um 10.55 Uhr wurde sie durch Bischof Reinhold Stecher und Abt Alois Stöger vor der Kirche begrüßt. Erzherzog Lorenz: „Besonders beeindruckt hat mich die Predigt des Bischofs, als er über die Dreifaltigkeit sprach . . ., wenn man überlegt, findet man dabei Parallelen zum Leben meiner Großmutter.“

Im Anschluß an die Messe hielten Landeshauptmann Wallnöfer und Bürgermeister Alois Lugger Ansprachen. Wallnöfer betonte das Verbindende zwischen der Familie Habsburg und Tirol und erinnerte an die ehrenvolle Geschichte des Habsburgerreiches. Natürlich wußte er, was sich gehört, und sprach Zita mit dem ihr zustehenden Titel „Majestät“ an.

Daraufhin mußte er kurz unterbrechen, da sich an der Kirchenmauer eine Abordnung der Tiroler Kommunistischen Partei lautstark durchsetzen konnte, sogar ein Transparent entrollte und gegen die Teilnahme gewählter Mandatare an solchen „monarchistischen Umtrieben“ demonstrierte. Auch in der Menge gab es einen Demonstranten, der eine Aufschrift ähnlichen Inhaltes hochhielt.

Die Sache wurde schnell erledigt. Der mutige Einzelgänger erhielt zuerst von einem Zirler Schützen eine schallende Ohrfeige und von einem schnell herbeieilenden Polizisten den wohlgemeinten Rat, er solle umgehend verschwinden,

Ausgerechnet im Land Tirol wußten sich die Kommunisten durchzusetzen und demonstrierten gegen den Gebrauch von „Herrschertiteln".

da er sonst zu seinem persönlichen Schutze kurzfristig in Verwahrung genommen werden müsse . . .

Das Problem an der Kirchenmauer fand eine zutiefst österreichische Lösung. Graf Sarnthein, der zufällig danebenstand, rief zu ihnen hinauf: „Leutln, das ist ja lebensgefährlich da oben, kommt's doch lieber runter!" Sie hatten ein Einsehen und kamen. Darauf hatte eine Dame gewartet, die beherzt mit ihrem Schirm auf die Demonstranten einschlug.

Erzherzog Karl: „Natürlich wollte meine Großmutter sofort wissen, was da los gewesen sei. Später mußten wir ihr dann einen Flugzettel der Kommunisten vorlesen – sie bestand darauf." Die Reaktion? „Sie hat gelächelt."

Um 13 Uhr war im Hotel „Europa" ein Empfang der Landesregierung zu Ehren des kaiserlichen Besuches angesagt. Nach dem Aperitif gab es im Barocksaal ein Essen – Kalbsmedaillons mit frischem Stangenspargel.

Um 17 Uhr besuchte die Kaiserin den Bergisel. Im Kaiserjägermuseum hielt Arthur Florian eine kurze Ansprache und überreichte ihr zwei historische Säbel, die zwar immer im Eigentum der Familie waren, aber bislang im Archiv des Museums aufbewahrt wurden. Zita berührte die Säbel mit ihrer Hand, um die Verzierungen zu spüren, und übergab dann je einen an Erzherzog Karl und Erzherzog Lorenz: Sie sollen die frühere Tradition der Kaiserjägeroffiziere fortsetzen.

Am Ehrenmal in der Kapelle ließ die Kaiserin durch ihre beiden Enkel einen Kranz mit rot-weißer Schleife – Aufschrift: „Zita" – niederlegen. Im Hintergrund hörte man den Marsch vom „Guten Kameraden". Ein zweiter Kranz gehörte dem Denkmal für ihren Gemahl. Die Mitglieder des Altkaiserjägerclubs und des Bundes der Tiroler Kaiserjäger nahmen Haltung an.

Mittlerweile hatten sich auch viele Touristen unter die Festgäste gemischt

Ein Schützenhauptmann wird der Kaiserin vorgestellt.

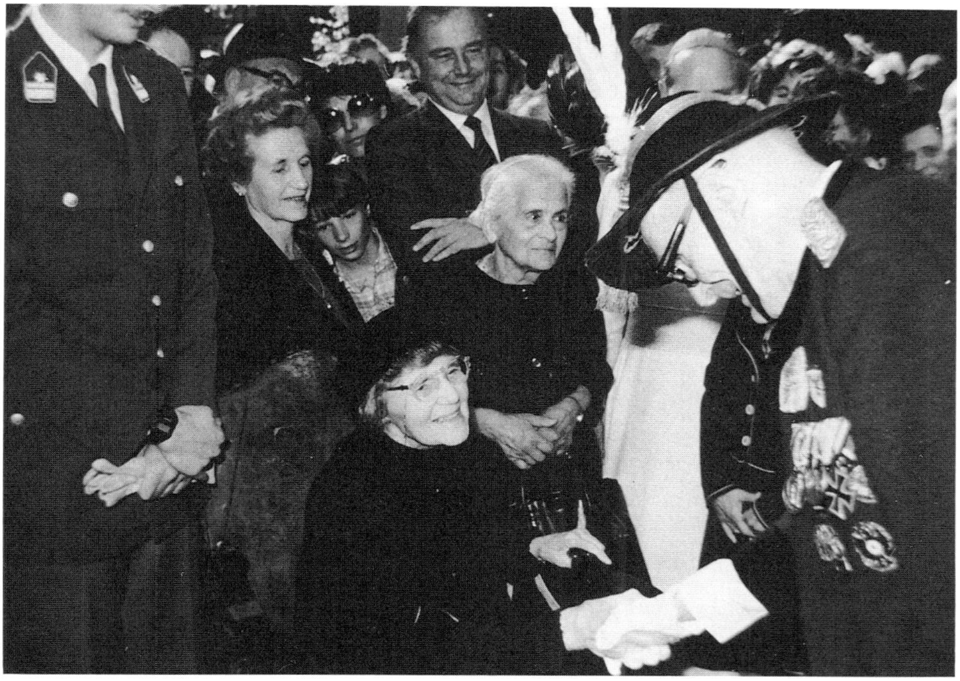

Die Übergabe der Säbel im Bergisel-Museum.

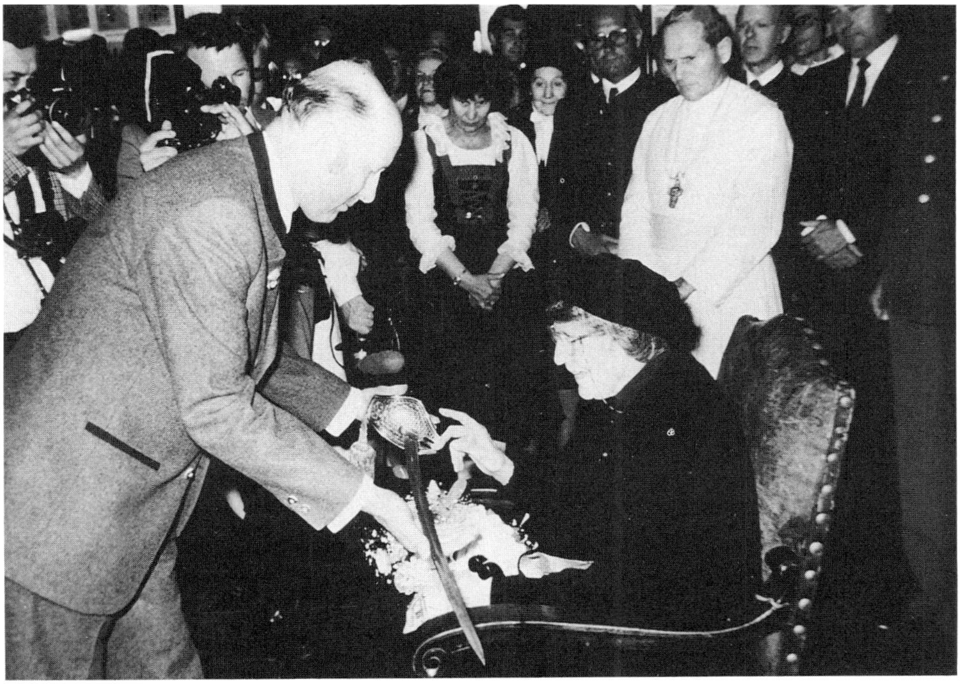

Vinzenz und Karl präsentieren stolz das wertvolle Geschenk.

Der letzte Programmpunkt am Bergisel: Neben den Traditionsverbänden nahmen auch jene alten Krieger Aufstellung, die noch im Ersten Weltkrieg für ihren Kaiser gekämpft hatten.

und nutzten natürlich die seltene Gelegenheit zu ausgiebigen Aufnahmen von der Kaiserin. Dann ging sie zum Bergisel hinauf, wo eine Abordnung jener alten Soldaten aus dem Ersten Weltkrieg stand, die noch von Kaiser Karl selbst ausgezeichnet worden waren. Viele hatten Tränen in den Augen, als sie der Gemahlin ihres obersten Kriegsherrn gegenüberstanden. Für jeden von ihnen, die mit Stolz alle ihre alten Auszeichnungen noch einmal herausgeputzt hatten, fand die Kaiserin persönliche Worte.

Mit dem Kaiserjägermarsch endete auf dem Bergisel das Innsbrucker Besuchsprogramm.

Auch das ausländische Fernsehen berichtete groß über den spektakulären Besuch in der Tiroler Landeshauptstadt. Zita war immer im Bild.

17. 7. 1983

St. Jakob im Walde

Der Besuch in dieser kleinen oststeirischen Gemeinde, die die älteste Pfarre im ganzen Joglland stolz ihr Eigen nennt, war für die hochbetagte Kaiserin so etwas wie ein Rendezvous mit der Jugendzeit: Hier wurde erstmals zwischen Erzherzog Karl und ihr, ganz „ungezwungen", im Familienkreis ein Zusammentreffen arrangiert – zum besseren Kennenlernen. Es war eine Zeit des vollkommenen Glücks für die damalige Prinzessin Zita aus dem Hause Bourbon-Parma – vielleicht die einzige in ihrem ganzen Leben. Deshalb kam diesem Besuch auch ein besonderer menschlicher Stellenwert zu.

Eigentlich war es dem Bürgermeister Johann Lueger zu verdanken, daß Zita noch einmal in St. Jakob so herzlich begrüßt wurde. Denn der Gemeinderat war sich nicht einig, ob man die Kaiserin einladen solle oder nicht. Lueger erkannte die historische Dimension dieses geplanten Unternehmens und zog die Einladung auch gegen einige Gegenstimmen kraft seiner Autorität durch.

Damit machte er nicht nur das Herz einer nunmehr 91jährigen Dame überglücklich, sondern er reihte seine Gemeinde zugleich in jenen exklusiven Verbund auserwählter Plätze ein, die mit einem Besuch der Monarchin ausgezeichnet wurden.

Die Organisation hier im Joglland konnte sich sehen lassen: die Ankunft der Kaiserin wurde mit 21 Salutschüssen angekündigt, und mit dem 92er Regimentsmarsch geleitete man sie zum Hauptplatz, wo wohl einige der ausdrucksstärksten Szenen photographiert werden konnten, die ich je im Zusammenhang mit einem Besuch der Kaiserin gesehen habe. Es war ein sonnendurchfluteter Tag, und Zita saß der Sonne preisgegeben auf einem Stuhl mitten auf dem Platz. Da trat eine Dame auf sie zu und spannte ihren Regenschirm auf, um Zita vor der Sonne zu schützen. Doch diese Dame hatte nicht nur eine vorzügliche Erziehung, sie tat in vorbildlicher Weise darüber hinaus etwas Ungewöhnliches: Offenbar war sie der Meinung, daß es sich nicht gehörte, so neben der Kaiserin zu stehen, daß sie ein zweiter Mittelpunkt gewesen wäre; deshalb kniete sie sich neben sie hin und hielt die ganze Zeit mit erhobenem Arm ihren Schirm als Sonnenschutz über Kaiserin Zita.

Es folgten Begrüßungsansprachen von Bürgermeister Lueger, Bezirkshauptmann Heinz Konrad und Landeshauptmann-Stellvertreter Franz Wegart. Natürlich gab es auch wieder das obligate Gedicht und das Blumensträußchen.

Danach begann für die Kaiserin der eigentliche „Festakt“: Sie wurde zum Tisch des Herrn geleitet. Pfarrer Lambert Plank zelebrierte den Gottesdienst, und Eustach Friesenbichler leitete den Kirchenchor, der Mozarts „Missa brevis in G-Dur“ darbot. Es wurde ein erlesener Kunstgenuß, und die Kaiserin fragte ausdrücklich, wer hier so ausgezeichnet musiziert habe: Der Regens chori sang das Tenor-Solo aus César Francks „Panis Angelicus“, seine Tochter Barbara brillierte in Sopranhöhen, und an der Orgel spielte Siegbert Ehrenhöfer, ein Schwager Friesenbichlers.

Im Pfarrhof wurden der Kaiserin der Gemeinderat und die örtlichen Vereine vorgestellt – natürlich immer umlagert von zahlreichen Schaulustigen und Photographen. Als die Kaiserin erfuhr, daß eine Gemeinderätin Bäuerin von Beruf sei, antwortete sie spontan: „Sie haben sich den schönsten Beruf gewählt!“ Überraschenderweise zeigt sie sich im Gespräch über landwirtschaftliche Fragen nicht nur interessiert, sondern auch bewandert.

Und auch hier wieder: Hochbetagte Menschen kommen zur Kaiserin, die sie noch als junge Prinzessin kannten, oder die sogar im Dienste ihres Gemahls in dieser Ortschaft hier standen. Wie zum Beispiel Matthias Payerhofer (89) oder Maria Spandl (87). Letztere hatte im Haus der beiden ein besonders „schreckliches“ Erlebnis: Sie war eines jener Nachbardirndln, die täglich den Herrschaften die frische Milch bringen mußten. Eines Tages wäre ihr die Milchkanne vor Schreck beinahe heruntergefallen, als ihr plötzlich ein Neger, der zur Diener-

Johann Lueger überreicht der Kaiserin das Bild vom ehemaligen Jagdschloß ihrer Familie.

schaft gehörte, die Tür öffnete. Er war der erste Schwarze, den sie je gesehen hatte! Heute weiß niemand mehr, wie der Neger nach St. Jakob im Walde kam und ausgerechnet Diener beim späteren Kaiser war.

Eine besondere Freude konnte Bürgermeister Lueger der Kaiserin machen, als er ihr ein großes Bild des ehemaligen Jagdschlosses überreichte, in dem die Fast-Verlobten damals wohnten und das Erzherzogin Maria Theresia, einer Schwester von Zitas Mutter, gehörte. Dieses Jagdhaus fiel 1922 einem Großbrand zum Opfer – im selben Jahr, als Kaiser Karl auf Madeira starb.

Heute steht an dieser Stelle das Gasthaus Orthofer, wo auch das gemeinsame

Mittagessen auf historischem Boden des alten Jagdschlosses, wo heute ein Gasthof steht.

Mittagessen eingenommen wurde: Milde Eintropfsuppe, Kalbsschnitzel Natur mit Gemüse und als Dessert Weinchaudeau mit Biskotten.

Anschließend wurde die Kaiserin wieder nach Waldstein zurückgebracht.

3. 9. 1983

Lienz

Es war sicherlich keine Höflichkeitsfloskel der Kaiserin, als sie ihren Besuch in Osttirol als einen Höhepunkt ihrer Heimkehr betrachtete. Dietmar Kecht aus Zirl hatte die Idee: „Ich wollte unbedingt, daß sie auch Lienz besucht, denn das haben sich die Lienzer verdient. Schließlich haben sie auch Otto von Habsburg, als er das erste Mal nach Österreich kam, einen tollen Empfang bereitet." Im Juli wurde die Idee geboren, im September war es dann soweit. Der Manager an Ort und Stelle war Gottfried Kiniger aus Sillian.

Die Kaiserin kam bereits am Freitag an und bezog auf eigenen Wunsch bei den Dominikanerinnen im „Klösterle" Quartier. Die anderen Mitglieder der kaiserlichen Familie wohnten im Hotel „Glöckel-Turm". Hinter den Kulissen arbeitete für den reibungslosen Ablauf auch Erzherzog Lorenz auf Hochtouren.

Samstag früh begann das offizielle Programm auf die Minute pünktlich: Bereits an der Klosterpforte wurde die Kaiserin von Bezirkshauptmann Doblander und Bürgermeister Huber abgeholt. Im Dienstwagen des Bezirkshauptmanns fuhr man auf den Pfarrplatz, wo bereits alles Aufstellung genom-

Die Begrüßung in Lienz erfolgte mit der Kaiserhymne; von links: Bezirkshauptmann Othmar Doblander, Kaiserin Zita, Bürgermeister Huber, die Erzherzöge Martin und Karl, Schützenviertelkommandant Huber.

men hatte, was Lienz zu bieten vermag: Musikkapellen, Schützenreihen, stolze Fahnenträger, sehr viel Jugend und ein Meer von Zuschauern.

Ein Hornsignal zeigte die Ankunft der Kaiserin an, daraufhin wurde die alte Hymne intoniert. Nach der Meldung durch Major Peicha senkten sich die Fahnen zum Gruß, und Ihre Majestät schritt zum Generalmarsch des Bundeshornisten die Front ab. Während die Ehrensalve abgeschossen wurde, gab es immer wieder spontanen Applaus der Osttiroler. Eine Kindergruppe aus Sillian überreichte ihr als Gastgeschenk eine holzgeschnitzte Statue des seliggesprochenen Paters Freinademetz. Dann schritt die Kaiserin durch ein Spalier von Schützen in farbenprächtigen Trachten zur Stadtpfarrkirche St. Andrä, wo sie bereits von Dekan Holaus und Dekan Steinringer erwartet wurde. Auf die Begrüßungsworte der Geistlichkeit antwortete Zita: „Ich habe immer eine große Liebe zu Tirol gehabt und ich bin sehr glücklich, wieder hier in der Heimat zu sein!"

Nach dem Gottesdienst ging sie zum Kriegerdenkmal, wo man der Helden des Ersten Weltkrieges gedachte. Darauf besuchte sie die Gedächtniskapelle, wo sie einen Kranz mit weiß-roter Schleife niederlegen ließ, auf der schlicht ihr Name stand – „Zita". Währenddessen erklang von draußen der Zapfenstreich,

Während der Gedenkfeier vor dem Bezirkskriegerdenkmal.

von einem Hornisten ausgezeichnet gespielt. Erzherzog Karl: „Das hat ihr besonders gut gefallen. Man konnte spüren, daß sie begeistert war.“

Im Anschluß an diese Gedenkfeier folgten Ansprachen vom Bürgermeister und vom Bezirkshauptmann. Hofrat Doblander führte wörtlich aus:

> „Majestät! In Hochachtung und Respekt, aber auch voller Freude habe ich die Ehre, der letzten Kaiserin von Österreich in Osttirol, jenem Landesteil, wo noch viele Menschen in treuer Anhänglichkeit zum seinerzeitigen Herrscherhaus leben, einen aufrichtigen Gruß zu entbieten und ein gut tirolisches ‚Grüß Gott‘ zu sagen. In Ihrer Person, Majestät, begrüßen wir einen der letzten Zeugen einer großen Zeit Österreichs, zu dessen geschichtlichen Sternstunden, aber auch Schattenseiten wir uns bekennen. Sie haben in jungen Jahren an der Seite Ihres kaiserlichen Gemahls, dessen Friedensbemühungen erst heute richtig gewürdigt werden, die damals aber verkannt, mißverstanden und auch mißdeutet wurden, viel Schweres erleiden müssen. Die kaiserliche Familie wurde nach dem unglücklichen Ausgang des Ersten Weltkrieges des Landes verwiesen und war somit eine der ersten vertriebenen und heimatlos gewordenen Fami-

lien, der dann während und besonders nach dem Zweiten Weltkrieg noch Millionen Menschen folgen sollten. Im besonderen wir Tiroler, die in stetiger Treue dem Herrscherhaus verbunden waren, teilten in Mitgefühl Ihr Schicksal, aber auch das des zerrissenen Landes.

Die jetzt mögliche Rückkehr in Ihr Land und der aufrichtige Willkomm' sollen eine späte Wiedergutmachung für all das Erlittene sein. Als Bezirkshauptmann von Osttirol heiße ich Sie, Majestät, aber auch Ihre Begleitung, die Kaiserlichen Hoheiten, im Namen vieler, vieler Menschen, die aus allen Tälern unserer engeren Heimat wie auch so zahlreich aus dem benachbarten Südtirol gekommen sind, herzlich willkommen und darf dies mit einem Blumenstrauß unterstreichen.

Wir danken für Ihren Besuch, Majestät, aber auch dafür, daß Sie uns die Freude der Begegnung geschenkt und sich nicht gescheut haben, die Mühen und Strapazen einer Reise nach Lienz auf sich zu nehmen.

Möge Ihnen das heutige Beisammensein in Osttirol nicht nur Freude bereiten, sondern auch die Gewißheit geben, daß in der Geschichte unseres Landes das jahrhundertelange segensreiche Wirken Ihrer Familie nicht ausgeklammert werden kann."

Die Landeshymne beendete den offiziellen Teil des Besuches, aber das Programm war noch nicht beendet. Jemand schlug einen Besuch im Altenheim vor, und die Kaiserin ließ sich nicht zweimal bitten. Dort traf sie mit vielen Gleichaltrigen zusammen, wie etwa mit der 99jährigen Julia Fink, die sich daran erinnerte, daß sie Zita einmal in Eppan gesehen habe. Maria Bürgler-Forcher widmete ihr das Büchlein „Hoblschoatn", eine Sammlung von selbstverfaßten Mundartgedichten.

Mittlerweile wurde es Dietmar Kecht etwas mulmig zumute. Während er mit dem Funkgerät den Programmablauf überwachte und immer wußte, wo die Kaiserin sich gerade befand, war plötzlich der Kontakt abgerissen. Was mag wohl geschehen sein, dachte er. „Nachher habe ich erfahren, daß mein Partner am anderen Gerät im Überschwang der Begeisterung sein Funkgerät einfach weggelegt hatte und ebenfalls mit einem Glas Sekt feierte . . ."

Danach kehrte man wieder zum Hauptplatz zurück. Dort war aber bereits ein derartiges Gedränge, daß sogar die Schützenkompanien ihren Aufmarsch stoppen mußten. Trotzdem schaffte man ein Spalier für die Kaiserin und ihre Familie auf dem Weg ins Hotel „Traube", wo ein deutsches Fernsehteam die Gunst der Stunde für ein kleines Interview mit Zita nutzte.

Auf dem Weg ins Hotel gab es eine besonders rührende Szene: Der an den Rollstuhl gefesselte 80jährige Leopold Moosmann wurde zur Kaiserin gebracht und konnte sie auch persönlich begrüßen. 1936 war er in seiner Begeisterung bis nach Steenockerzeel in Belgien geradelt, um dort seine Kaiserin zu sehen und ihr zu huldigen. Ganze 26 Tage hat er damals für die Hin- und Rückfahrt gebraucht. Heute erzählte er mit leuchtenden Augen, daß er für diese Mühe mit

Selbst beim Mittagstisch war sie von den Honoratioren umworben. Unten: Ein großer Augenblick für Leopold Moosmann, der seine Kaiserin 1936 mit dem Fahrrad in Belgien besuchte und ihr heute, fast ein halbes Jahrhundert später, wieder begegnen durfte.

einer Audienz belohnt wurde. Und nun traf er sie wieder, konnte ihr wieder die Hand geben. Das Glück des alten Mannes war vollkommen. Diesen Moment in der Abendsonne seines Lebens wird er niemals vergessen.

Im Hotel „Traube" wurde inzwischen das Mittagessen (Grießnockerlsuppe, Kalbsfilet in Rahmsauce, Zuckererbsen und Butterreis, Zwiebelrostbraten mit Bratkartoffeln und Schwenkbohnen, als Dessert Erdbeercreme und Kaffee) vorbereitet. Dietmar Kecht: „Dort gab es keine Tischkarten, und ich übernahm diese Protokollfrage, indem ich einfach immer neben einen Habsburger einen Lienzer setzte. Das funktionierte großartig!"

Einer, der diesen Tag wohl auch nicht vergessen wird, war der berühmte Filmregisseur Fred Zinnemann („12 Uhr Mittags"), ein Gast des Hotels, der ebenfalls der Kaiserin vorgestellt wurde.

Nach dem Mittagstisch löste sich die Gesellschaft auf. Die Kaiserin wurde vom Bezirkshauptmann zum Kloster zurückgebracht, von dort fuhr sie dann Erzherzog Robert nach Vorarlberg weiter.

Grußgedichte an Kaiserin Zita

„Sie halfen mit, Österreichs Not zu lindern"

„Willkommen" ruft's das Tal entlang,
„Willkommen" tönt der Glocken Klang.
Die Herzen sind erfüllt mit Freud'
und jubeln Ihnen entgegen heut'.

Sie sind gegangen einen schweren Weg.
Sie halfen mit, Österreichs Not zu lindern.
Sie pflegten Kontakt über Grenzen hinweg,
um noch größeres Leid in der Heimat zu verhindern.

Lang mußten Sie in fremden Landen leben,
außerhalb Ihres geliebten Österreich.
Zurück in die Heimat war der Sinn Ihres Strebens,
daß es geglückt, erfreut uns alle gleich.

Ein Festtag ist für uns Ihr Hiersein,
mögen Sie sich fühlen bei uns immer wohl.
Wir alle danken von Herzen, groß und klein,
daß Sie zu uns gekommen sind, nach Osttirol.

(Verfaßt von Maria Huber-Wanner in Sillian)

„Beten für die liebe Kaiserin“

Sie sehen es, daß wir Sie auch noch lieben
Wie uns're Ahnen einstens Sie geliebt;
Die waren's nicht, die Sie vom Haus getrieben,
Die haben Kaisertreue stets geübt.

Und gleich wie jene wollen wir es halten,
Wir geben zwar nicht Blut und Leben hin,
Doch fromm vor Gott tun wir die Hände falten
Und beten für die liebe Kaiserin.

Noch vielmals Dank für Ihre große Hilfe,
Die Sie in schwerer Notzeit uns gewährt;
Das war, als hätten selige Himmelsgeister
Vom Christkind selber liebend uns beschert.

(Verfaßt von Oswald Sint sen., St. Oswald)

4. 9. 1983

Maria Bildstein

Ein einziges Mal nahm Kaiserin Zita in Österreich auch an einer Wallfahrt der „Kaiser Karl-Gebetsliga für den Völkerfrieden" teil.

Bedingt durch die beiden Großereignisse 1983 (den Österreichischen Katholikentag und den damit verbundenen Papstbesuch), wurde in diesem Jahr keine allgemeine Wallfahrt durchgeführt, sondern es blieb den Liga-Landesleitungen selbst überlassen, wo sie nach eigenem Gutdünken im Rahmen einer eigenen Wallfahrt des Friedenskaisers Karl besonders gedenken wollten.

Maria Bildstein bei Bregenz war das Ziel der Südtiroler-Gebetsliga-Gruppe, die in vier großen Bussen anreiste. Die Leitung hatte Abt Dominikus Löpfe von Murie-Gries. Man kann sich die Begeisterung der rund 250 traditionsverbundenen Südtiroler kaum vorstellen, als plötzlich Kaiserin Zita unter ihnen weilte.

Eigentlich war es eine spontane Entscheidung der Kaiserin gewesen, nach Maria Bildstein zu kommen. Dafür waren nach dem anstrengenden Programm in Lienz sicherlich die günstige Lage des Wallfahrtsortes auf dem Weg zurück in die Schweiz und natürlich der günstige Termin ausschlaggebend.

Den Hauptgottesdienst am Sonntag hielt Diözesanbischof Bruno Wechner. In seiner Festpredigt führte er unter anderem aus: „Kaiserin Zita hat die Mühe auf sich genommen, nach einer würdigen Festfeier zu ihren Ehren in Lienz am gestrigen Tag die mehrstündige Fahrt nach Vorarlberg zu machen, um heute hier in Bildstein sein zu können und vor allem Ihnen, meine lieben Südtiroler, diese Freude und Aufmerksamkeit zu schenken. Dafür, verehrungswürdige Majestät, sei Ihnen ganz besonders im Namen all der vielen, die heute – nicht nur aus Südtirol – hierhergekommen sind, von Herzen gedankt. Seien Sie unseres gemeinsamen Gebetes für Sie, in das alle Ihre persönlichen Anliegen miteingeschlossen sein sollen, überzeugend versichert!“

Zweimal so viele Vorarlberger als Südtiroler Wallfahrer versammelten sich bereits vor der Kirche und hielten auch schon den allerletzten Stehplatz in der Kirche besetzt, um die Kaiserin zu sehen. Nach der Messe war sie vor dem Gotteshaus natürlich wieder der zentrale Mittelpunkt: Hunderte Leute scharten sich um sie, photographierten, drückten und küßten ihr die Hand, legten Blumen zu ihren Füßen nieder und überhäuften sie mit Geschenken. Sogar ein 92jähriger Kaiserjäger stellte sich ein, der 1917 an der Isonzofront Kaiser Karl kennenlernen durfte, später verwundet wurde und dafür die Silberne Tapferkeitsmedaille erhielt. Jetzt stand er zum ersten Mal in seinem Leben auch der Gemahlin seines ehemaligen Kaisers gegenüber. Sichtlich bewegt, nahm er militärische Haltung an und wechselte mit der Kaiserin einige Worte.

Links: Zusammen mit ihrer Tochter Charlotte ist sie von Gebetsliga-Mitgliedern aus Südtirol umringt.

Es war die einzige Veranstaltung der „Kaiser Karl-Gebetsliga für den Völkerfrieden“, an der die Kaiserin in Österreich teilnahm.

Auch eine Kaiserin darf ihren Verehrern applaudieren – wie hier in Maria Bildstein den Südtiroler Freunden.

Elmar Anwander aus Bregenz nahm sich wieder besonders der Kaiserin an und versuchte ein wenig Ordnung in den Sturm der Begeisterung zu bringen. Auch er war emotionell berührt: „Diese Wallfahrt wurde zu einem Fest der Treue! Wohin wäre Österreich gekommen, wenn nicht die Kaiserin mit ihrer ganzen Familie und ihrem ganzen Einfluß im Zweiten Weltkrieg unablässig darauf hingewiesen hätte, daß es in Österreich – trotz des Riesengeschreis für Hitler – einen klaren Willen für die Selbständigkeit, für ein unabhängiges Österreich gibt! Und wohl niemand hat in all den Jahren soviel für Österreich gebetet und dabei so viele Verleumdungen ertragen müssen wie Kaiserin Zita."

Mit großer Freude betrachtete Zita die Aktivitäten der Gebetsliga, die auf der ganzen Welt Informationen darüber sammelt, wo und wie Kaiser Karl bei Gebetsanrufungen geholfen habe. P. Stephan E. Sommer OCist ist schon seit vielen Jahren der Leiter der „Kaiser Karl-Gebetsliga für den Völkerfrieden". Er kennt die persönliche Einstellung der Kaiserin zur Liga genau: „Natürlich freut sie sich über unsere Initiativen und Aktivitäten. Aber sie ist auch davon überzeugt, daß ihr Gemahl nun im Himmel ist und für ihn unser Bemühen nicht direkt notwendig wäre. Viele Leute glauben, daß sie oder ihre Familie das alles initiieren, aber es sind alles Initiativen der Gebetsliga. Die Kaiserin hält die direkte Bestätigung weder für ihn noch für sich für notwendig. Sie freut sich aber darüber, weil sie weiß, daß Kaiser Karl eine Vorbildwirkung hat und daß dies für viele von großer Bedeutung ist."

Nachdem Zita nur mit großer Mühe von dem scheinbar nicht abzureißenden Strom all jener, die ihr die Hand geben oder mit ihr sprechen wollten, loszubringen war, fuhr sie Erzherzog Rudolf mit seinem Auto nach Gaißau bei Bregenz, wo sie ihre Schwester Prinzessin Isabella besuchte, die damals dort in einem Altenheim wohnte. Anschließend kehrte sie nach Zizers zurück.

Die Leute strömen auf sie zu, und die Kaiserin fühlte sich wohl. Beim Kontakt mit anderen Menschen war sie immer glücklich.

Die Begräbnisfeierlichkeiten

in Klosterneuburg und in Wien

Als Kaiserin Zita am 14. März für immer ihre Augen schloß, kam ihr Tod nicht unerwartet. Die Vorzeichen dafür waren untrüglich. Schon fünf Tage zuvor hatte man sich in Wien zusammengesetzt und den Gesamtablauf der Trauerfeierlichkeiten besprochen: Unter dem Vorsitz von Erzherzog Robert trafen sich Verbindungsleute von kirchlichen, kommunalen und polizeilichen Behörden. Es wurde nahezu generalstabsmäßig eine Einsatzleitung aufgebaut, die sich weitgehend an ein bereits seit längerem existierendes Zeremoniell dafür hielt. So war auch von Anfang an klar, daß nach Möglichkeit der Sarg mit dem historischen Prunkleichenwagen (aus der Schönbrunner Wagenburg) vom Dom zur Kaisergruft gebracht werden sollte.

Zugegeben, dieser Wagen bot zweifellos den spektakulärsten Programmpunkt und dementsprechend setzte man sich auch in den Zeitungen mit ihm auseinander. Das „Ob" und das „Wie" wurden Tagesthemen, sogar die schwarzen Hengste aus dem Gestüt in Stadlpaura erhielten ihre Schlagzeilen.

Die Gesamtleitung für die Begräbnisfeierlichkeiten wurde Erzherzog Karl übertragen, der seit dem 14. März acht Uhr früh bis einschließlich 1. April ununterbrochen dafür im Dauereinsatz stand. Bei ihm liefen die Fäden zusammen, er hatte letztlich die Entscheidungen zu treffen. Darüber hinaus war er auch die Pressestelle des Unternehmens. Man sagte ihm zwar eine recht autoritäre Arbeitsweise nach, gab aber zu, daß sie sehr effizient wäre . . .

Die Familienmitglieder wurden jeweils mit einem Telegramm vom Ableben der Kaiserin informiert. Jedes einzelne Mitglied hatte sich um die Anmeldung zur Teilnahme dann selbst zu kümmern. Erzherzog Karl: „Wir standen schon immer auf dem Standpunkt, daß der Hauptteilnehmer an der Beisetzung die Bevölkerung sein soll und nicht die Ehrengäste."

Seite 141: Im Hintergrund die Stiftskirche von Klosterneuburg. Links: Erzherzog Karl beim Ordnen des protokollarischen „Kräfteverhältnisses" im Stephansdom.

Sie erstellten das Protokoll und waren für alle entsprechenden diplomatischen „Ent-Wicklungen" zuständig: Erzherzog Georg, Willy Prinz von Thurn und Taxis, Lorentz Graf Gudenus.

Das Interesse der Medien nahm eine solche Dimension an, daß eine eigene Pressekonferenz (29. 3.) notwendig wurde. Zuvor waren nicht nur Fragen zu klären, „wo die Kapuzinergruft überhaupt liege", auch nach dem Namen des Friedhofes, auf dem Zita begraben werden sollte, wurde von Wiener Journalisten gefragt.

Es zeigte sich immer wieder, daß die Beisetzung der Monarchin auch zu Spekulationen Anlaß gab. Daß die gesamte Durchführung dem österreichischen Steuerzahler nichts koste und ausschließlich von der Familie selbst getragen werde, nahm vielen den Wind aus den Segeln. Besonderes Interesse wurde von der französischen und spanischen Presse entgegengebracht, die sehr viele Journalisten nach Wien entsandten. Ähnlich der Gesamtorganisation waren auch alle Fragen des Protokolls sehr heikel und dementsprechend schwierig zu handhaben. Hier war Erzherzog Georg federführend, der in Willy Prinz von Thurn und Taxis nicht nur einen hervorragenden Kenner und Spezialisten der Materie zur Seite hatte, sondern auch einen Mann mit jenem unglaublichen Feingefühl, das man jedem Berufsdiplomaten ins Stammbuch schreiben möchte. Zusammen mit Johann Lorentz Graf Gudenus bildete er ein Triumvirat, das von

Auf der gegenüberliegenden Seite des Stiegenaufganges zum Kuppelsaal erwartete die kaiserliche Familie ihre Mutter und Großmutter.

Vor dem Stift versammelten sich hunderte Menschen, um persönlich Abschied zu nehmen.

Ein letztes Erinnerungsfoto.

Der Sarg wird in den Kuppelsaal getragen. Unten: Kondukt vom Kuppelsaal in die Stiftskirche.

einem kleinen Zimmer in der Prinz-Eugen-Straße aus etwa die Aufgaben der Protokollabteilung einer Regierung zu erfüllen hatte.

Die größten Schwierigkeiten waren dadurch zu bewältigen, daß sich eine Unmenge von Einzelpersonen und Verbänden ansagte, die alle der verstorbenen Kaiserin durch ihre Teilnahme ihre Sympathie kundtun wollten. In vielem betrat man bei aller Routine Neuland. Der Prinz von Thurn und Taxis: „Wir mußten uns ja grundsätzlich erst einmal überlegen, wie man das Begräbnis einer Kaiserin in einer Republik überhaupt entsprechend durchführen soll. Aber alle politischen Stellen waren sehr aufgeschlossen und entgegenkommend."

In den gut vierzehn Tagen zwischen Zitas Tod und dem Begräbnistermin 1. 4. (des Todestages von Kaiser Karl auf Madeira) wurde fast täglich irgendwo in der Welt ein Requiem für die Verstorbene gelesen.

*

Die Begräbnisfeierlichkeiten begannen am Osterdienstag (28. 3.) in Klosterneuburg, gewissermaßen im Hauskloster der Habsburger. Dort wurde auch der niederösterreichische Landespatron Leopold beigesetzt, dessen Heiligsprechung von der Familie Habsburg vor mehr als 500 Jahren „durch-

Sehr viele Mitglieder der Familie Habsburg folgen dem Sarg in die Kirche.

Die höchsten Auszeichnungen der Kaiserin (die Insignien einer Großkreuzdame des Souveränen Malteser Ritterordens, der Elisabeth-Orden und der Sternkreuz-Orden). Unten: P. Floridus Röhrig ehrt die tote Kaiserin mit dem Erzherzoghut.

Erzherzogin Regina und Erzherzog Otto im innigen Gebet für Zita. Unten (und rechts): wahrhaft majestätisch wurden Aufbahrung, Einsegnung und das Requiem in Klosterneuburg gestaltet.

Der „Klosterneuburger Schützenverein 1288“, der älteste Schützenverein Österreichs, gab der Kaiserin ihren letzten Salut.

gesetzt“ wurde. Später hatte Kaiser Karl VI. den Plan, das Stift zu einem österreichischen Escorial auszubauen. Doch dazu kam es nur in Ansätzen. Heute beherbergt Klosterneuburg das Augustiner-Chorherrenstift, das durch die große Bibliothek und seine Kirchenschätze weit über die Grenzen des Landes hinaus Bedeutung besitzt.

Für 15.00 Uhr nachmittags war die Ankunft Zitas zur ersten Aufbahrung in der Heimat angesagt. Schon Stunden vorher reservierten sich viele Menschen ihre Plätze entlang der Zufahrtsstraße. Ein großer Kreis von Familienangehörigen hatte bereits vis à vis der Hauptstiege in der Gebäudedurchfahrt Aufstellung genommen. Wenige Minuten nach 15 Uhr rollte der Wagen ein. Sofort wurden hinter ihm die mächtigen Tore geschlossen, denn die Leute drängten vehement nach.

Generalabt Gebhard Koberger geleitete den Sarg mit großer priesterlicher Assistenz, gefolgt von der kaiserlichen Familie, über die Feststiege in den Marmorsaal. Hier nahm der Generalabt die erste Einsegnung vor, ehe alles für die feierliche Aufbahrung bis Donnerstag (30. 3.) gerichtet wurde. Links und rechts vom Katafalk wurden zwei Pölster mit den höchsten drei Auszeichnungen der Kaiserin präsentiert. Auf dem einen lagen die Insignien einer

Ganz oben: In Wien waren bereits viele Geschäfte mit dem Bild von Zita zum Zeichen des ehrenden Andenkens dekoriert. Oben: Erzherzogin Camilla rief zur Formierung des Fackelzuges. Rechts: Dominik Graf Batthyány (rechts) war einer der Fackelträger für seine tote Kaiserin.

Großkreuzdame des Souveränen Malteser Ritterordens, auf dem anderen der Elisabethorden und der Sternkreuz-Orden.

Der Elisabethorden geht auf das Jahr 1766 zurück, als er durch die Kurfürstin Elisabeth Augusta zu Ehren der heiligen Elisabeth gestiftet wurde. Mit ihm sollten jene ausgezeichnet werden, die sich besonders um die Armen verdient gemacht haben. Er war für Damen von fürstlicher Herkunft vorgesehen, es wurden aber auch „Oberhofmeisterinnen“ und „Hofdamen“ damit ausgezeichnet.

Der Sternkreuz-Orden wurde von der Mutter Kaiser Leopolds I., Eleonore, 1668 gestiftet. Den Statuten gemäß darf das Ordenshaupt (Schutzfrau) nur aus dem Erzhaus Österreich stammen. Auf besonderes Ansuchen dürfen nur Damen aus dem röm.-kath. Hochadel aufgenommen werden, die bewußt karitativ tätig sind und auch selbst in Spitälern Krankendienst leisten. Darüber hinaus müssen sie praktizierende Katholiken sein. Die Devise des Sternkreuz-Ordens ist „Salus et Gloria“ (Heil und Ruhm).

Nach der ersten Einsegnung im Beisein der Familie wurde der Marmorsaal für die Bevölkerung freigegeben, die nun für die nächsten eineinhalb Tage Gelegenheit bekam, von der Kaiserin und Königin Abschied zu nehmen.

Noch am selben Tag wurde nach Ende der ersten Kondolenzzeit vor dem Katafalk eine stille Messe gelesen, zu der die Bischöfe und Priester weiße Paramente trugen. Dabei war nur die engere Familie der Kaiserin anwesend.

Am Donnerstag, dem 30. März nachmittags, wurde die Kaiserin in einem Kondukt vom Kuppelsaal in die Stiftskirche gebracht, wo Generalabt Koberger das Requiem zelebrierte. Einen besonders schönen Akzent setzte das Stift, als man auf den Sarg der Kaiserin den Erzherzoghut gab. Diese Geste vermittelte in besonders eindrucksvoller Form die Bedeutung der Verstorbenen für Niederösterreich.

*

Nach dem Pontifikalrequiem wurde Zita in ihre ehemalige Kaiserstadt, nach Wien überführt. Im Inneren Burghof wartete bereits eine große Abordnung der Katholischen Österreichischen Landsmannschaften (K.Ö.L.), die aus Linz, Salzburg, Innsbruck, Graz und natürlich Wien anreisten. Sie begleiteten in der Folge den Wagen mit dem Sarg bis zum Stephansdom.

Dem Trauerkondukt voran ging eine Dreiergruppe der „Austria Salzburg“-Studentenverbindung mit jener Standarte, die Ende 1988 in der Karlskirche geweiht wurde und deren Patin Regina von Österreich ist. Der Wagen mit der toten Kaiserin wurde von sechs Landsmannschaften flankiert, die im gemessenen Paradeschritt und mit gezogenem Säbel – als besondere Ehrenbezeugung – Zita die letzte Ehre erwiesen.

Diese Studenten der K.Ö.L. hielten dann von Freitag bis Samstag mit stündlicher Ablöse die Ehrenwache an Zitas Sarg. Ein Mitglied der „Leopoldina“

Von links: Erzherzog Carl Christian, Erzherzogin Constanza, Erzherzog Rudolf, Erzherzogin Marie Astrid und ihr Gemahl Erzherzog Carl Christian.

Vom Inneren Burghof ging es über den Kohlmarkt und Graben zum Stephansdom. Die ungarische Trauergemeinde zeigte immer wieder, daß auch ihre Königin zu Grabe getragen wird.

Chargierte Studenten der Landsmannschaften gaben Zita das letzte Geleit.

Es schmerzte, daß heutzutage sogar der natürliche Anstand verloren ging, weil man einfach sitzen blieb, als der Leichenwagen mit der toten Kaiserin bei einem Café am Graben vorüberkam. Unten: Eine Abordnung des Goldenen Vlies und des Großpriorates des Souveränen Malteser Ritterordens empfing den Trauerkondukt.

Es herrschte Totenstille, als der Sarg in der vollbesetzten Kirche Einzug hielt.
Unten: Auch die Urenkel der Kaiserin nahmen an der Einsegnung teil.

Der Erzbischof von Wien während der abendlichen Einsegnung.

ließ es sich nicht nehmen, sich zu sechs (!) Ehrenwachen an einem Tag einteilen zu lassen.

Man darf nicht vergessen, daß die chargierten Studenten seit den Napoleonischen Kriegen eine Art Garde mit militärischer Tradition sind. Sie traten beim Begräbnis auch besonders deshalb in den Vordergrund, weil die Landsmannschafter nicht nur seit jeher eine gesinnungsmäßige Nähe zum österreichischen Kaiserhaus haben, sondern weil ihr oberster Bandinhaber Otto von Habsburg ist und seine beiden Söhne ebenfalls in der K.Ö.L. korporiert sind. Auch das Wappen der ältesten Landsmannschaft, der „Maximiliana", wurde von Zita persönlich an sie verliehen.

Eine Abordnung des Goldenen Vlieses sowie des Großpriorates von Österreich des Souveränen Malteser Ritterordens unter der Leitung des Prokurator Gordius Baron Gudenus erwartete die tote Kaiserin am Eingangstor des Domes: Georg Herzog von Hohenberg, Heinrich Prinz von Auersperg, die Erzherzöge Friedrich und Michael (Haus Toscana), sowie Vertreter der gräflichen Häuser Traun, Hoyos, Czernin, Gudenus und Nostitz, um nur einige zu nennen.

Der Kardinal und Erzbischof von Wien, Hans Hermann Groer, nahm dann im Friedrichsschiff die Einsegnung vor. Danach und vor allem tags darauf hatten die Wienerinnen und Wiener Gelegenheit, von der Kaiserin persönlich Abschied zu nehmen.

An der Spitze der großen Familie „Österreich“: Erzherzog Otto und seine Gemahlin Erzherzogin Regina.

Erzherzogin Anna-Eugénie (geb. Prinzessin und Herzogin von Arenberg) und ihr Gemahl, Erzherzog Felix, einer der fünf Söhne der Kaiserin.

Im Dom gab es keine Standesunterschiede: Kinder und Kindeskinder der Kaiserin dicht neben dem Volk, – sie alle waren eine einzige Trauergemeinde.

Am Samstag, dem 1. April, war dann der große Tag gekommen. Während des Vormittags hielten zahlreiche Ehrengäste, vor allem Mitglieder der kaiserlichen Familie, noch einmal im stillen Gebet Andacht vor dem Katafalk.

An der Frontseite des Domes wurden immer wieder neue Kränze ausgelegt. Jener des steirischen Landeshauptmannes wurde von seinem Stellvertreter in Wien, Vinzenz Prinz von und zu Liechtenstein, gemeinsam (!) mit der Bürgermeisterin von Westminster (London), Elisabeth Flach, niedergelegt.

Um Punkt 15 Uhr begann der offizielle Trauerakt mit einem feierlichen Requiem, das Kardinal Groer zelebrierte. Zu den höchsten Ehrengästen zählten Fürst und Fürstin Franz Josef von und zu Liechtenstein, der Großherzog und die Großherzogin von Luxemburg, Juan von Spanien Graf von Barcelona, Kronprinz Albert von Belgien Prinz und Prinzessin von Lüttich, Kronprinz Sidi Mohammed von Marokko, Albert Prinz von Monaco, der Erbprinz und die Erbprinzessin von und zu Liechtenstein, Prinz Raad Bin Zeid von Jordanien sowie Politiker des In- und Auslandes. Als Abschluß erklang die alte Volkshymne, die sich Kaiserin Zita für ihr Begräbnis gewünscht hatte. Es war wohl der ergreifendste Augenblick, als noch einmal das „Gott erhalte" in diesem Dom gesungen wurde, der mit dem Kaiserhaus so eng verbunden ist.

Unter den Klängen der Pummerin, getragen und flankiert von Tiroler Schützen, wurde der Sarg zum bereitstehenden Leichengespann gebracht, das nun das 143. Mitglied der Familie in die Kaisergruft zu bringen hatte.

Als der Trauerkondukt vor der Kapuzinerkirche angekommen war, hielt man sich an den alten Brauch, dreimal an die verschlossene Kirchentür zu klopfen und Einlaß zu begehren. Dabei waren noch einmal all die Würden Zitas zu hören:

Das große Interesse der Journalisten aus ganz Europa machte eine eigene Pressekonferenz notwendig. Erzherzog Karl lud in ein Luxushotel am Ring und erklärte Details über den Beisetzungsablauf.

Ihre Majestät, Zita, Kaiserin von Österreich und Königin von Ungarn, Königin von Böhmen, Dalmatien, Croatien, Slavonien, Galizien, Lodomerien und Illyrien; Königin von Jerusalem etc.
Erzherzogin von Österreich, Großherzogin von Toscana und Krakau, Herzogin von Lothringen, Salzburg, Steier, Kärnten, Krain und der Bukowina, Großfürstin von Siebenbürgen, Markgräfin von Mähren, Herzogin von Ober- und

Viele Fürstenfamilien und regierende Häuser ließen ihre prachtvollen Kränze an der Kirchenmauer aufbewahren.

Rechts: Zita-Enkel Vinzenz Prinz von und zu Liechtenstein legte im Namen des steirischen Landeshauptmannes Krainer den Kranz für die „Grüne Mark“ nieder. An seiner Seite die Bürgermeisterin von Westminster (London), Elisabeth Flach.

Während des Einzuges in den Dom erteilt der Kardinal der kaiserlichen Familie seinen Segen.

Vertreter von sechs regierenden Häusern und zahlreiche Politiker aus dem In- und Ausland waren unter den Ehrengästen.

Entlang des Hauptschiffes standen viele Vertreter aus den Ländern der ehemaligen Monarchie, die der Kaiserin an diesem Nachmittag des 1. April ihre letzte Referenz erwiesen.

Der Domchor und die Kantorei von St. Stephan erbrachten den musikalischen Rahmen des Requiems.

Chef des Protokolles (auch für die Staatsoberhäupter) im Dom: Willy Prinz von Thurn und Taxis.

Karl Markgraf Pallavicini (mit Brille) kam in der Galakleidung eines ungarischen Magnaten.

Niederschlesien, von Modena, Parma, Piacenza und Guastalla, von Auschwitz und Zator, von Teschen, Friaul, Ragusa und Zara; Gefürstete Gräfin von Habsburg und Tirol, von Kyburg, Görz und Gradisca, Fürstin von Trient und Brixen; Markgräfin von Ober- und Nieder-Lausitz und in Istrien; Gräfin von Hohenembs, Feldkirch, Bregenz, Sonnenberg etc.
Herrin von Triest, Cattaro und auf der Windischen Mark, Großwoiwodin der Woiwodschaft Serbien etc., geborene Königl. Prinzessin von Bourbon, Prinzessin von Parma etc.
Höchste Schutzfrau des Hochadeligen Sternkreuz-Ordens, Großmeisterin des Elisabeth-Ordens, Oberste Schutzfrau und Ober-Direktorin des Freiweltlichen adeligen Damenstiftes Maria Schul in Brünn, Oberste Schutzfrau des Adeligen Damenstiftes in Innsbruck, Oberst-Inhaberin des K. u. K. Husaren-Regiments Nr. 16 etc.

Einlaß fand nicht die Kaiserin, Königin oder Großwoiwodin, sondern „der sterbliche, sündige Mensch Zita“ – denn vor Gott zählt kein irdischer Titel.

Die gesungene Kaiserhymne war der Abschluß des Requiems. Nun formierte sich der Kondukt zur Kapuzinerkirche.

Tiroler Schützen trugen den Sarg aus der Kirche und begleiteten ihn auf seinem letzten Weg.

Nun fand die Einsegnung in der Kapuzinerkirche statt, die Kardinal Franz König vornahm. Er würdigte in einer kurzen Ansprache noch einmal das Leben dieser einzigartigen Frau. Danach begleiteten Kapuzinermönche mit brennenden Kerzen, den schlichten Holzsarg in die Gruft. Ihm folgten die Kinder Kaiserin Zitas, zehn auserwählte Enkel, zwei Vlies-Ritter und zwei Sternkreuz-Ordensdamen. Nach einer kurzen Einsegnung übergab Graf Nostitz symbolisch den Sargschlüssel an Otto von Österreich, der ihn zur weiteren Verwahrung Kapuzinerpater Gottfried anvertraute.

Sie selbst ist nun für immer in die Heimat zurückgekehrt. Ihre Beisetzung war einer Kaiserin würdig.

Zitas Herz wird Seite an Seite mit jenem ihres Gemahls in der neuen Habsburgergruft von Muri (Schweiz) verwahrt.

Jetzt bleibt zu hoffen, daß einer baldigen Rückkehr der sterblichen Überreste von Kaiser Karl nach Wien nichts mehr im Wege steht und daß dann beide Seite an Seite jene Ruhe finden, die ihnen zeit ihres Lebens verwehrt worden war.

Sehr oft verdrängte echte Trauer die ursprüngliche Neugierde der Schaulustigen.
Rechts oben: der Thronfolger von Marokko, Sidi Mohammed, in Landestracht.

Vereinzelt gab es zaghafte Versuche, das Trauerbild zu stören, – wenn auch der Sinn der Transparente nicht immer verständlich war. Natürlich durfte auch eine Sympathiekundgebung nicht fehlen, deren Inhalt rührend anmutete. Rechts: Überall traf man Ungarn mit ihrer alten Nationalfahne. Unten: Eine starke Abordnung des Bundesheeres nahm mit schwarzer Armbinde ebenfalls am Kondukt teil.

Einsegnung durch Kardinal Franz König in der Kapuzinerkirche. Unten: Graf Nostitz wartete währenddessen in der Gruft mit dem symbolischen Sargschlüssel für die letzte vorgeschriebene Zeremonie.

Jene Stelle, an die der Sarg der Kaiserin wenig später hingebracht wurde.

Die täglichen Gebete Zitas

Selig sind, die Verfolgung leiden um der Gerechtigkeit willen, denn ihrer ist das Himmelreich.
Selig seid ihr, wenn euch die Menschen schmähen und verfolgen und alles Böse mit Unwahrheit wider euch reden um meinetwillen. Freut euch und frohlockt, denn euer Lohn ist groß im Himmel.
(Mt 5,10-12)

Kein Auge hat es gesehen, kein Ohr hat es gehört, was Gott denen bereitet hat, die ihn lieben.

Herr Jesus Christus, gib, daß ich deine Gebote immer treu befolge und laß nie zu, daß ich mich jemals von dir trenne.

In des Tages Last und Sorgen, Herr, vergiß der Deinen nicht. Halt uns an dein Herz geborgen, bleib uns Leben, Trost und Licht. Strahlt uns dann zum letzten Male Deiner Sonne Angesicht, wird es Nacht im Erdentale, Herr, verlaß, verlaß uns nicht!
(Aus der „Kleinen Weihnachtsmesse" von P. CM Andlau)

Wer immer mich vor den Menschen bekennen wird, den will auch ich vor meinem Vater bekennen, der im Himmel ist.
(Mt 10,32)

Ne engedd, hogy valaha elszakadjam töled.
(aus dem Canon der Messe)

„Sub tuum praesidium confugimus, sancta Dei Genitrix; nostras deprecationes ne despicias in necessitatibus, sed a periculis cunctis libera nos semper Virgo gloriosa et benedicta."

Deus, in adjutorium meum intende, Domine, ad adjuvandum me festina.

Jesu, quem velatum nunc aspicio, oro, fiat illud quod tam sitio, ut te revelata cernens facie, visus sim beatus tuae gloriae. Amen.